Schlitzohren und Halunken

PETER SODANN
PRÄSENTIERT

Von Ackermann bis Zumwinkel

Schlitzohren und Halunken

Ein Almanach der Missetaten

Eulenspiegel Verlag

Redaktion: Erhard Preuk
unter Mitarbeit von Ernst Röhl und Thomas Wieczorek

ISBN 978-3-359-02247-3

1. Auflage
© 2010 Eulenspiegel Verlag, Berlin
Umschlaggestaltung: Verlag, unter Verwendung von Motiven von picture alliance
Druck und Bindung: CPI Moravia Books GmbH

Ein Verlagsverzeichnis schicken wir Ihnen gern:
Eulenspiegel · Das Neue Berlin Verlagsgesellschaft mbH & Co. KG
Neue Grünstr. 18, 10179 Berlin
Tel.: 01805/ 30 99 99
(0,14 Euro/Min., Mobil abweichend)

Die Bücher des Eulenspiegel Verlags erscheinen in der Eulenspiegel Verlagsgruppe.

www. eulenspiegel-verlag.de

Dieses Buch ist ein Anfang ...

Es soll den Blick schärfen für Leute, die uns verarschen, regieren, manipulieren, verhöhnen, enthumanisieren, verbilden, deklassieren, ausrauben – und mit ihrem Treiben, das wir nicht Arbeit nennen wollen, viel Geld verdienen. Wir wollen jene Herrschaften ehren, die ihre Hände ständig in unseren Taschen haben, indem wir nichts vergessen. Egal, ob sie im bunten Rampenlicht der Medien stehen oder ihr Geschäft in grauer Stille verrichten, die Methoden ähneln sich, der Zweck ist immer der gleiche. Die Menschen sind austauschbar in diesem System der Geldvermehrungsdiktatur; sie müssen funktionieren, sonst gehen sie unter. Und damit sie nicht selbst untergehen, müssen andere untergehen.

Liebe Leserinnen und Leser, arbeiten Sie mit an diesem Werk. Wir danken allen Autoren, die in diesem Band vereinigt sind. Aber wir sind noch zu wenige. Deshalb ist dieses Buch ein Almanach. Wenn aber noch viel mehr denkende Mitbürgerinnen und Mitbürger sich daran beteiligen, kann es im nächsten Jahr eine Fortsetzung geben, und am Ende wird das ganze Unternehmen eine Enzyklopädie über die Schlitzohren und Halunken unserer Epoche.

Peter Sodann

Beiträge bitte senden an: info@eulenspiegelverlag.de,
z. Hdn. Erhard Preuk

Inhalt

Die Raff-Terroristen sind unter uns ...

Sie nennen sich Manager, und genauso sehn sie auch aus: Banker, Bankster und Bonus-Banditen, die für Renditen unter 50 Prozent gar nicht erst aufstehen und sich jedes einzelne ihrer Finanzverbrechen vom Steuerzahler fürstlich honorieren lassen, Parole: Frag nicht, was dein Land für dich tun kann, zahl deine Steuern, und halt die Fresse!

Halbschräg am Fiskus vorbei überweisen sie das Geld des deutschen Steuergroßhinterziehers in jede beliebige Steueroase des Erdballs, dem Rentner aber, der auf dem letzten Loch pfeift, jubeln sie Schrottzertifikate unter die Weste und drücken ihm das Etikett eines AD-Kunden auf – A für alt und D für doof.

Die Reichen werden reicher, die Armen werden zahlreicher, und zahlen muss natürlich jeder – der arme Schlucker ein bisschen mehr, der Bestverdiener ein bisschen weniger. Runter mit den Niedriglöhnen! Wer nicht kriminell ist, macht sich strafbar. Nur durch Lohndumping und patriotisches Gürtelengerschnallen entstehen neue Arbeitsplätze. Deutschland ist das Wunderland des Hüftgolds. Darum sind Hungerlöhne nicht nur zumutbar, sondern aus medizinischer Sicht geradezu wünschenswert. Aber Vorsicht! Dass der Milliardär in seiner Gier nicht erdrückt wird von der süßen Last der Maximalprofite!
Deutsche Täter! Leugnen ist zwecklos. Händy hoch!

Ernst Röhl

Werner Rügemer

Die schmerzlosen Leiden des Josef Ackermann

Wie steht er seit Jahren am Pranger der Nation! Josef Ackermann, Chef der Deutschen Bank, der gierige Großverdiener unter den deutschen Topmanagern: 20 Millionen Euro im Jahr! Die Rendite seiner Bank hochschrauben, Tausende Beschäftigte entlassen und hohe Prämien kassieren!

Tapfer stand er die öffentliche Häme durch. In der Finanzkrise kommt sie schon wieder auf. Aber immer lächelt er freundlich. Nachsichtig antwortet er in seinem biederen, schwyzerisch gefärbten Hochdeutsch, im schweren Dienste seiner Bank und aller Banken. Muss er nicht leiden?

Wo er zudem im eignen Haus für manchen eine Lachnummer ist. Die Stars seiner Investmentbanker in London und New York können über die 20 Millionen ihres öffentlichen Chefschauspielers nur milde lächeln. Superstar Anshu Jain etwa kassiert 100 oder auch mal 150 Millionen im Jahr. Dass ihr Chef mit Aufsichtsratspöstchen bei der Creme der korrupten deutschen Topunternehmen ein paar hunderttausend Euro dazuverdient, bei Siemens und VW zum Beispiel, das hilft ihm nicht. Auf diesen Tantiemen besteht der Bedauernswerte. Deutschlands Großmedien schweigen zwar bankiersmäßig diskret über seine Zusatzverdienste, und seine Top-Arbeitsplatzvernichter werden nicht bloßgestellt. Dafür lässt sogar sein Lieblingsblatt *BILD* ihn bei Bedarf ein bisschen leiden mit seinen 20 Millionen.

Und da mäkeln sie schon an ihm herum, dass die Deutschbank nicht mehr zu den Top Ten der Weltliga gehört. Deutschlands prominentester armer Reicher hat es nicht geschafft, eine andere große Bank zu schlucken, und gleichzeitig muss er zur Standortpflege sogar noch Kreide fressen: In der Katholischen Akademie und in der Evangelischen Akademie muss er sich christlich nachsichtigen Kritikern stellen und davon säuseln, »man« habe »manche« Fehler gemacht.

Der Teddybär kündigt sogar seinen Verzicht auf Boni an und verdreht seine Rehaugen. Er lächelt. Man könnte sein Lächeln für eine Maske, eine Fratze halten.

Hat der Panzer-Offizier der Schweizer Armee die Schweizer

Mischung aus Idylle und Verbrechen im Blut? Wie sieht es in seiner Seele aus? Oder hat er keine? Leidet er gar nicht?

Einmal hat er wirklich einen Fehler gemacht, als er zu Beginn des Mannesmann-Prozesses strahlend das V-Siegeszeichen in die Kameras der Welt sandte. Man darf doch wohl, so wollte er in Düsseldorf sagen, Vorstand und Aufsichtsrat mit 120 Millionen einkaufen, damit sie der Fusion mit einem anderen Unternehmen zustimmen? Selbst die FAZ mäkelte, solche Offenheit tue seinem »Image« nicht gut.

Aber das ist ein paar Jahre später vergessen und vergeben.

Wovor soll er also Angst haben? Auch deutsche Richter häkeln an seiner weißen Weste. Er kam nicht hinter Gitter und gilt als nicht vorbestraft, dafür zahlte er ein paar Millionen Bußgeld, lächelnd.

Auf solche juristische Häkelarbeit kann er sich im Land seiner Träume ebenfalls verlassen. In den USA wurde seine Bad Bank in New York wegen Täuschung von Anlegern angeklagt. In einem Vergleich zahlte er bzw. seine Bank das Hundertfache im Vergleich zu den Düsseldorfer Bußgeldern, nämlich 400 Millionen US-Dollar. Auch in der Welthauptstadt der Wirtschaftskriminellen kam der schmerzlose Lächler nicht hinter Gitter, ist schon wieder nicht vorbestraft und trägt weiter die weiße Weste über seinem Teddybären-Bäuchlein.

Hilfe kann Ackermann sich immer bei seinem kleinen Ostmädchen holen. Seine Bank ist seit Konrad Adenauer selig der Haupt- und Dauerbespender der westdeutschen Politchristen. Sie stellt in Krisenzeiten notfalls direkt den Schatzmeister der Bankpartei, wie damals, als Dr. Kohls schwarze Kassen ein bisschen öffentlich überquollen und das neu christianisierte Ostmädchen die Westchristen retten musste. So geht der Pate im Kanzleramt ein und aus. Wenn die Kanzlerin noch schnell dem deutschen Volk die Sicherheit aller Sparkonten verspricht, dann muss der Präsident des Institute of International Finance nicht im Flur warten, sondern wird in den Seitenflügel gebeten, der den Staatsgästen vorbehalten ist.

Als der Deutschbanker standesgemäß im Jahre der Krise seinen 60. Geburtstag begeht, richtet sein Kanzlermädchen in der Regierungszentrale ein Festgelage für ihn aus. Er darf die 25 Gäste selbst auswählen, und die staatlichen Kellner und Köche springen um ihn herum. Er wird gelächelt haben.

Als er einige Zeit später von seinem Freund, dem obersten US-Pleitebanker und Dabbeljuh-Finanzminister Hank Paulson aus Washington zurückkommt, erklärt er seinem Ostmädchen, wie gute Regierungen mit so einer Krise umgehen: Der Staat muss zahlen.

So ist die von ihm mitverursachte Finanzkrise ein wahres Wonnebad für den obersten Badbanker. »Ich würde mich schämen, vom Staat Hilfen anzunehmen.« So suhlte er sich wohlig in medialer Zustimmung, konnte er doch im Einverständnis mit der Bundesregierung die Gewissheit haben: Seine Bank ist der Hauptgewinner der Staatshilfen. Der Pleitebank IKB hatte die Deutschbank nicht nur die toxischen US-Hypothekenbündel verkauft, sondern ihr auch noch dafür die Kredite gegeben. Die 10 Milliarden an Staatshilfen drehen bei der IKB kurz eine Schleife und landen großenteils bei der Bank, deren Chefschauspieler sich nie schämt. Dasselbe gilt bei den Staatshilfen für die Hypo Real Estate und den US-Pleitekonzern American International Group. Niemand greift mehr Staatsknete ab als Ackermann. Leidet er deshalb, weil das seiner »Überzeugung« widerspricht?

Er lächelt.

Als klar wird, dass im Jahre 2009 in den Mitgliedsländern der EU durch die Badbankerei wohl 50 Millionen Menschen arbeitslos werden, vervielfachen sich seine Besuche beim Ostmädchen. Zudem hat er vor dem G-20-Gipfel in London bereits den britischen Regierungschef Gordon Brown aufgesucht, noch vor dem deutschen Finanzminister, um in der Hochburg des freien Kapitals noch mehr Staatsknete abzusichern.

Die Staatsknete kommt rüber, global, und erneut verkündet Ackermann mitten in der Finanzkrise, die noch mehr Beschäftigte zu Arbeitslosen macht: Die vor der Finanzkrise angekündigte Rendite von 25 Prozent haben wir auch 2008 erreicht! Zu seiner Wiederwahl als Vorstandsvorsitzender habe ihm sofort auch »eine hochrangige Politikerin« gratuliert, lächelt er selbstzufrieden in die Kameras. Er braucht kein V-Zeichen mehr zu machen.

Was kümmert einen ehrlichen Badbanker seine fundamentalistische Staatskritik von gestern? Superrendite mit allen Mitteln ist immer heute, wie schon bei seinen Vorgängern mit solchen Hausfreunden wie Kaiser Wilhelm und Adolf Hitler.

Die Seele des ewigen Lächlers ist verkauft. Wenn er anderen Leid zufügt, auch sich selbst, spürt er keinen Schmerz. Der schwyzer Teddybär in christlich-deutsch-gobalen Diensten wird lächeln, bis zum Tode, und darüber hinaus.

Die sieben Todsünden der heutigen Welt:

Reichtum ohne Arbeit
Genuss ohne Gewissen
Wissen ohne Charakter
Geschäft ohne Moral
Wissenschaft ohne Menschlichkeit
Religion ohne Opferbereitschaft
Politik ohne Prinzipien

Mahatma Gandhi

Mathias Wedel

Dieter im Glück
Dieter Althaus

Bis zu jenem Ereignis, das Dieter Althaus später nur »jenes Ereignis« nennen würde, hatte es nicht gut um die Thüringer CDU gestanden: Nach Jahrzehnten ungebrochener Alleinherrschaft, nach schier übermenschlichen Anstrengungen, auch noch den letzten Wandervereinsvorsitzendenposten im grünen Herzen Deutschlands für die Partei zu ergattern, war sie in der Gefahr, bei den Landtagswahlen Ende August 2009 völlig abzukacken und die Macht zu verlieren. Nicht an irgendwen, sondern an ihren ärgsten Fressfeind – an die Kommunisten.

Als jedoch Dieter Althaus, das eisige Lächeln des eingefleischten Pistenrowdys auf den Lippen, am Neujahrstag auf der Riesneralm mit 40 Kilometer pro Stunde »entgegen der eigentlichen Fahrtrichtung hangaufwärts« (Anklageschrift) in die Panoramapiste einscherte und um 14.45 Uhr und 16 Sekunden heftig auf das einzige zappelnde Lebewesen weit und breit zuhielt, änderte sich die Lage der Thüringer CDU sozusagen schlagartig. Und zwar zum Besseren. Es war, wie es sich jeder ab und zu einmal wünscht: Ein großer Knall (und ein paar Tröpfchen Blut im Schnee) – und eine richtig fette Glückssträhne für Dieter Althaus begann, die bis heute ungebremst (ein Wort, dass uns im Nachdenken über Althaus öfter begegnen wird) anhält. Einige in der CDU sprechen sogar vom Walten der Vorsehung, von der Hand des Schicksals und – vor allem in der katholischen Diaspora, in der Althaus zu Hause ist – von nachgerade göttlicher Fügung.

Wie soll man den Umstand auch anders bezeichnen, dass sich »seit jenem Ereignis« für Dieter Althaus ein prächtiger Blumenstrauß bunter Lebenswünsche erfüllt hat! Vor allem – so beschrieb er es *BILD* im bislang größten Fortsetzungsinterview des dritten Jahrtausends – sieht er nun, nachdem die Hirnschwellung abgeklungen ist, vieles »klarer«, »tiefer« und »mit anderen Augen« (nur dritte Zähne sind ihm leider nicht gewachsen). Er ist also noch gereifter und klüger, staatsmännischer – ja, Dieter Althaus ist ein noch besserer Thüringer geworden, als er es eh schon war! Beispielsweise ist ihm nun aufgegangen, wie recht der Volksmund hat, wenn er plappert: »Erstens kommt es anders, und zweitens als man denkt.« Althaus drückt es so aus: Man kann noch so viel planen und organisieren (Wahlsiege etwa), es gibt doch etwas Höheres, das sozusagen sein eigenes Süppchen mit uns kocht, das uns, einmal metaphorisch in der Sprache des passionierten Freizeitsportlers gesprochen, zwischen die Skier kommen kann – in diesem Fall war es Frau Christandl.

Zweitens hat sich Althaus' brennender Wunsch erfüllt, einmal ganz dolle eng und lange mit seiner Gattin, der lieben Katharina, zusammen sein zu dürfen, und nicht etwa mit seiner Sekretärin, die seit 28. September 2008 nicht (!) von ihm schwanger ist, weil er das an diesem Tag gegenüber BILD beteuerte. Katharina ist sogar zu ihm in die Klinik gezogen, und die beiden haben sich eine winzige Suite geteilt. Sie hat ihm die Partei und die Presse vom Hals und – wenn der Ausdruck bei einem Hirnrekonvaleszenten erlaubt ist – den Kopf freigehalten. Lieb mit seiner Katharina zusammen sein zu dürfen, diese Wunscherfüllung hatte er eigentlich auf die Zeit nach der Politik vertagt: Auf seiner Internetseite antwortet er auf die kecke Frage: »Was würden Sie tun, wenn Sie nicht mehr Ministerpräsident wären?« mit »Viel mehr mit meiner Frau zusammen sein«. Das kann er nun – und wird zusätzlich auch noch Landesvater bleiben!

Das war sein größter Wunsch, dessen Erfüllung ihm »jenes Ereignis« gebracht hat: Alles, was in Thüringen kreucht und fleucht – die Sauen im Koben der kleinbäuerlichen Betriebe, die volkstümlichen Musikanten, die Vöglein im Thüringer Walde, die Schützen in den Schützengilden, der Wetterwart auf dem Inselsberg, die Wasunger Karnevalisten, die noch ganz kleinen und die schon ganz alten Thüringer Bratwurstesser und erst recht die Bratwürste – alle lieben Dieter Althaus. Sie senden ihm Gedichte und Kinderzeichnungen und Thüringer Klöße (geschwefelt), eingeschlagen in feuchte Tücher. Sie stricken Strümpfe und sammeln auf den zugigen Rhönhöhen Heilkräuter für ihn. Sie singen und sie beten für ihn. Denn er ist vom Schicksal besonnt. Er ist ihr Wunderknabe. Er wird sie von Ausfluss, ihrer sprichwörtlichen Wasserscheu, ihrem furchtbaren Geiz und von Arbeitslosigkeit heilen. Er wird sie in eine lichte Zukunft führen, in der die Kühe öfter kalben, die Winter schneereich und auch die Sommer dem Fremdenverkehr günstig sind. Und alle CDU-Funktionsträger werden ihre Sessel noch ihren Enkeln vererben dürfen.

Die Vorsehung ist die effektivste Propaganda. Der Beweis ihres Waltens ist jedoch schwer zu erbringen: Man muss einer Lebensgefahr entronnen sein, sonst güldet es nicht! Insofern ist Frau Christandl zu danken, dass sie auf der Piste stand und sich für die CDU engagiert hat. Was die Vorsehung en détail mit dem Ministerpräsidenten gemacht hat, das weiß nur er allein – und er hat's vergessen. Es wird ihm gewiss auch nicht wieder einfallen, versicherte er *BILD* gegenüber gutgelaunt. Die gesamte Planung der »Aktion Vorsehung« ist ihm entfallen. Beispielsweise, dass am Abend vor »jenem Ereignis« ein paar Zeugen bereitstehen mussten, die später beteuern konnten, dass Althaus zeitig und im Prinzip nüchtern zu Bett (mit Katharina) ging. Denn er musste am nächsten Tag verdammt fit sein. Es gehört Willenskraft, Selbstdisziplin und Körperbeherrschung dazu, beim plötzlichen Auftauchen eines Hindernisses weder zu bremsen noch auszuweichen. Was nach Untersuchung der Staatsanwaltschaft Herrn Althaus durchaus möglich gewesen wäre, die Vorsehung ihm aber untersagte.

Auch die Sache mit dem Helm gehört zur Vorsehung. Althaus trug einen. Einen Hallodri als Ministerpräsidenten will keiner. Wer jetzt in seiner bedachtsamen Art, Sport und Politik zu treiben, gut dasteht, ist D. Althaus. Frau Christandl sieht hingegen alt aus. Sie ist der lebende Beweis, dafür, wie gefährlich es ist, ohne Helm … Ach nein, »lebend« ist zu hoch gegriffen.

Die deutsche »Stiftung Sicherheit im Skisport«, deren erlauchtem Kuratorium Althaus neben anderen wichtigen Herren (z.B. dem Skihasen Schäuble) angehört, erklärte, wie stolz sie sei, auch weiterhin ein Mitglied zu haben, das so auf (seine) Sicherheit bedacht Ski fährt.

Nun läuft die große Vorsehungs-Nachbereitung. Die Thüringer erleben bewegt, wie sich ihr Ministerpräsident unter Aufbietung all seiner menschlichen Qualitäten ins Amt zurückgesundet. Es soll allerdings Thüringer geben, die sich von Althaus, seinen PR-Strategen und den Medien verarscht fühlen. Aber die halten die Münder, weil den Mund zu halten in Thüringen stets das Beste war.

Thüringen braucht Dieter Althaus, sagt die CDU. Ohne ihn müsste der Freistaat in die Insolvenz gehen oder wieder in lauter kleine Fürstentümer zerfallen. Darum darf sich Althaus jetzt auch nicht mit Schuldkomplexen schwächen, sondern will, wie er *BILD* sagte, höchstens Verantwortung übernehmen. Nicht dafür, dass Frau Christandl auf der Piste stand, denn dafür kann er nichts – aber für Thüringen!

Katharina kümmert sich indes rührend um Frau Christandl. Sie hat sie sogar bei ihrer Beerdigung besucht und will sich dafür stark machen, dass die Panoramapiste nach ihr benannt wird. Und eine der beliebtesten Thüringer Melodien für Zither und Mandoline, das »Mariandel«, soll fortan auf den Dorffesten als »Christandl« gesungen werden.

Wenn nun noch Dagmar Schipanski vor dem Wahltag mit gesunden Zwillingen niederkommt, dann steht Althaus' Heiligsprechung durch seinen Glaubenskumpan in Rom nichts mehr im Wege.

Kommentar des Herausgebers: Aber dann – dann änderte die Vorsehung ihre Gestalt und wurde SPD, und NEIN sagte sie zu Althaus. Thüringen hat Althaus verloren. Jetzt kann er auch nichts mehr für Thüringen. Aber er kann viel mit Katharina zusammen sein, wovon er schon immer träumte. Und er kann eine Skischule gründen der besonderen Art, um zu lehren, wie man Pisten bergauf fährt und lebende Ziele trifft.

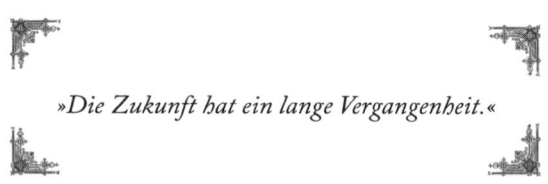

»Die Zukunft hat ein lange Vergangenheit.«

Thomas Wieczorek
Die dicke Frau
Mario Barth

Im Mittelalter wurden die dicke Frau oder der einarmige Bandit auf dem Marktplatz zur Schau gestellt, heute ist der Marktplatz die Glotze, und im Menschenzoo befindet sich das geistig-kulturelle Souterrain des Schmuddeltalks, wozu aber nicht nur die Moderatoren von Britt über Geißen bis Domian, sondern durchaus auch einige Studiogäste zu zählen sind. Wie im Mittelalter handelt es sich um hilflose, von Natur und Schicksal arg gebeutelte Kreaturen. Wie einst jenen wird heute einem jungen Mann böse mitgespielt, den man nicht nur im Debilo-TV, sondern sogar in Sporthallen und Stadien dem Hohngelächter Tausender preisgibt.

Mario Barth heißt dieses bemitleidenswerte Geschöpf, der ursprünglich als Elektriker in die Gesellschaft integriert schien. Eines Tages aber kam ein sadistischer Spaßvogel und redete ihm ein, sein Sprachfehler wäre Berliner Dialekt und die Jahrhunderte alten Späßchen, die er in der Sonderschule aufgeschnappt hatte, wären irgendwie witzig. So stellte man ihn ungeschützt und ohne psychiatrischen Beistand auf die Bühne und ließ ihn ein peinliches Programm absolvieren, das bei jedem halbwegs anständigen Menschen Fremdschämen verursacht hätte. Die sensationslüsternen Horden allerdings wollten ihren Spaß auf seine Kosten. Und so stammelte er etwas von Frauen, die nicht einparken können, für neue Handtaschen aus dem Werksverkauf Hunderte Kilometer fahren, ständig zu enge Kleider kaufen oder beim Fernsehen einschlafen und es anschließend abstreiten. Dass die meisten dieser Witzchen aus Altersgründen unter Naturschutz stehen, hätte zumindest sein Vormund wissen müssen.

Das Publikum aber wiehert vor Lachen. Natürlich nicht über den Vortrag, sondern über ihn – er wird schlicht ausgelacht.

Nun sollte man sich allerdings hüten, derlei Aktionen voreilig zu verdammen. Durchaus seriöse Psychotherapeuten weisen darauf hin, dass Menschen unterhalb der Schwachsinnsgrenze ja gar nicht bemerken, dass sie verspottet werden. Das Entscheidende sei, dass sie selbst Freude an ihrem Treiben empfinden. Und sollte man ihnen diesen Spaß verderben und ihnen das bisschen Lebensfreude in einem ansonsten dumpfen Dahindämmern nehmen? Selbst der Menschenrechtsbeauftragte der UNO, der zunächst bei einer Veranstaltung von Mario Barth so entsetzt war, dass er diese Zurschaustellung am liebsten gleich mit Blauhelmen abgebrochen hätte, zeigt sich nachdenklich: Schließlich sind auch im Zoo nicht alle Affen unglücklich. Auch sie empfinden Stolz, wenn sie von Tausenden Leuten begafft werden: Sie paaren sich sogar, und vermutlich wird Mario Barth das auch irgendwann tun. Auf eines weisen namhafte Psychiater allerdings hin: Wie bei den Tierparkbewohnern sollte auch bei zurückgebliebenen Menschen unbedingt gelten: »Bitte nicht füttern!« So lieb es gemeint ist: Hotdogs, Hamburger oder Kartoffelchips sollte man weder den Affen durchs Gitter noch Mario Barth auf die Bühne werfen.

Betrachte nicht müßig den Steinhaufen,
sondern frage dich,
wen du damit bewerfen kannst.

persisches Sprichwort

Peter Köhler

Der Mann mit dem goldenen Fuß

Franz Beckenbauer

Vollmond über dem Rasen. Wie in einer überlebensgroßen schwarzen Zirkuskuppel schwebt ein Flugzeug von der Farbe roten Goldes oben vorbei und wird vom Brei der Nacht verschluckt. Es ist wie eine bildgewordene Metapher, eine Parabel aus Raum und Zeit. Zwei Milliarden Zuschauer allein auf der Erde hatten zuvor das Endspiel um die Weltmeisterkrone gesehen, dann eine jubelnde, im Schweiß ihres Glückes badende deutsche Mannschaft – und schließlich auch ihn, oder besser gesagt: IHN. Nicht einmal eine Flasche Bier nach dem Schlusspfiff sah das Publikum überall im Universum IHN über die Mattscheibe schreiten: Um den Hals ein Band mit einem Stück Metall von der runden Farbe gelben Messings, die Hände des geborenen Fußballers lässig in den Hosensäcken vergraben, die entrückten Augen träumerisch in eine Ferne gerichtet, die sich irgendwo im Inneren verliert – Franz Beckenbauer wandelte wie in Trance, aber noch langsamer als in seiner aktiven Spielerkarriere über das Spielfeld; und siehe, es war ihm, dem Mannschaftschef des deutschen Weltmeisterteams, zumute, als zöge er auf einem leichten Esel unter den Palmwedeln einer aus den Kehlen jubelnden Menge langsam aus Jerusalem hinaus.

Zum zweiten Mal war er in jenen Stunden, dem 8. Juli 1990, zum Weltmeister gebacken worden. Und er spürte im Hals den fußballgroßen Kloß namens Abschied. Hinter sich sah er seine blühende Vergangenheit als Spieler und Trainer, aber vor sich – grunzte ein tiefes Loch. Die sportlichen Trauben im Universum schienen alle gegessen, nun blieb nur das Warten auf den allerletzten Abpfiff.

Damals, im Jerusalem Italiens, in Rom, schien es seinem geistigen Auge, als habe er alles erreicht, was ein Mann mit seinen Füßen erreichen kann. Deutsche, europäische, Welt- und sogar US-amerikanische Meistertitel, über hundert Länderspiele, mehrere Eigentore – was seine Füße anpackten, wurde zu Gold. Größter Ehrenspielführer aller Zeiten des DFB, Träger des Bayerischen Verdienstordens am Zwickel, Inhaber des Bundesverdienstkreuzes 1. Klasse für Rechtsträger und Ehrendoktor von Sofia, geehrt als bester Beckenbauer des 20. Jahrhunderts, gewürdigt vom Weltfußballverein mit der Goldenen Rückennummer 5 in Silber, ausgezeichnet mit der Großen Zehe der Europäischen Sportjournalisten, Gewinner des Außenrist-Pokals des Deutschen Liberoverbandes auf Lebenszeit – er, Dr. Franz Beckenbauer, ahnte damals mit keiner Faser, dass er bald auch als Übungsleiter und Staatsoberhaupt des FC Bayern München sich eine pralle Merite nach der anderen würde anheften können, dass er als Regent und Regierungschef der deutschen Fußball-WM 2006 zum dritten Mal nach dem Gipfel des Weltfußballs greifen würde, dass er 2008 als bester lebender Fußballer in die ewige Hall of Fame des deutschen runden Leders aufgenommen und heilig gesprochen würde.

Franz Beckenbauer: Einer, der in allem, was er tut, ein glückliches Füßchen hat. Einer, dem sein Leben anscheinend in den Schoß fällt. Dem alles gelingt und noch ein wenig mehr. Der schon in seiner Jugend besser am Ball war als Gott und danach noch besser wurde. Als Beckenbauer begann, waren die typischen deutschen Fußballer schwerfällige Kartoffelsäcke mit groben Füßen wie aus unförmigem Backstein. Kaiser Franz aber war das Glas Sekt auf dem Fußballplatz.

Am 11. September 1945 in das Münchener Kleine-Leute-Viertel Giesing eingewechselt, wuchs Kaiserchen Franz in den bescheidenen Verhältnissen seines Vaters, eines Postobersekretärs, heran. Zwar musste man nicht Altpapier anziehen und Mäuse essen, aber ein vorsichtiger Schmalhans regierte in der Küche. Mancherlei Bedenken umwölkten die Stirn des Vaters, als er 1964 für seinen merkwürdigen Sohn den ersten, monatlich dünne 160 Mark einbringenden Lizenzspielervertrag beim FC Bayern München unterschreiben sollte. Zwar galt der Rasensport damals nicht mehr als »Fußlümmelei«, die zu Rückenmarksschwund führt, aber noch war eine Laufbahn am runden Leder ungewöhnlich. Doch nachdem Mutter das Radio ausgeschaltet und Vater um Ruhe geschimpft hatte, setzte er seine Tinte unter den Vertrag. Die weitere Vergangenheit kann heute als Geschichte konsumiert werden: Die Zeit bis zu Beckenbauers Rücktritt von der aktiven Kirsche im Jahr 1983, die Jahre bis zu seinem Adieu von der Trainerbank des DFB 1990 dürfen im ganzen Kosmos als bekannt gelten. Auch dass er von 1994 an seinen Verein zum immer mächtigeren und wirtschaftlicheren FC Riesenbayern München pushte, dass er als gelernter Versicherungskaufmann, dessen langjähriger Manager Robert Schwan zufällig gewesener Versicherungsdirektor war, eigens eine ganz legale Allianz-Arena draußen in den Sümpfen vor München errichten ließ, hat sich auf dem Erdball herumgesprochen.

Kaiser Franz der Erste und Einzige könnte sich angesichts seiner weltumspannenden Erfolge und Beliebtheit selber aus dem Hubschrauber zuwinken. Man bewundert einen wie ihn, der sich nie im Bergwerk oder in der Fischmehlfabrik die Muskeln ausleierte und nur ein einziges Mal sich ein bisschen quälen musste, 1970, in der Verlängerung des Halbfinals gegen Italien, als er mit angeklebtem Arm, auf einem Bein, ohne Rumpf tapfer weiterspielte. Heute, da Beckenbauer Humor gelernt hat und ihm nicht jedesmal die Stirn kocht, wenn ein anderer einen Patzer auf den Rasen legt, ist längst vergessen, wie der enttäuschte Perfektionist als DFB- und Bayerntrainer seine Elfen bei Misserfolg mit stumpfem Hirn in Grund und Boden zeterte. Seit das linke Jahr 1968 besiegt ist, ruft auch niemand mehr nach der roten Pappe, wenn Beckenbauer für blankes Geld überall den Reklamefranz macht, volle Kolumnen für die saubere Springerpresse hervorkarbunkelt oder in den Unterschichtsendern RTL, Sat.1, DSF und ZDF herumonkelt. Im Gegenteil, seit das linke Jahr 1968 gesiegt hat, fallen keinem Spießbürger mehr die Haare vor Wut aus, dass diese Kanone – elf Freunde hat der Fußball, zwölf Jahre kriegte bislang jede Liebe von Beckenbauer – die Teillebensabschnittspartnerinnen öfter wechselte als mancher andere seine Schlappen. Sondern vor Neid.

So leuchtet denn für Beckenbauer bis heute die Sonne über dem Stadion Tag und Nacht. Nicht nur konnte der Kaiser, der immer zu Fuß auf den Platz ging, sich am 9. Juli 2006 als erfolgreichster Fußball-WM-2006-Organisator aller Zeiten zum dritten Mal als Weltmeister fühlen, nicht nur spielt er seit Mai 2007 mit vollem Herzen im Exekutivkomitee der FIFA mit und bereist den Globus von oben bis unten, um den Weltfußball weltweit zur Nummer eins im Weltfußball zu machen – nein, Franz Beckenbauer, zu dessen größten Leistungen es zählt, dass vor lauter Ehrfurcht niemandem der Gedanke hochkommt, seinen schrägen

Nachnamen durch den Kakao zu zerren, hat mit 64 Jahren alle Zeit dieser Welt bis zum allerletzten Schlusspfiff und wird noch lange nicht in das schwere Loch des Ruhestands fallen. Sondern der kommende FIFA-Präsident ... der künftige UNO-Generalsekretär ... der nächste Papst ... schaun mer mal.

Angela Merkel, Horst Köhler und Dieter Hundt fahren Boot auf der Spree. Das Boot kentert und geht unter. Wer wird gerettet?
Deutschland.

Werner Rügemer

Berater der Nation
Roland Berger

»Der Staat soll die Schwachen schützen. Nur soll er sich darauf beschränken und nicht den Starken in den Arm fallen, wenn sie die Gesellschaft nach vorn bringen und dabei Geld verdienen.« Von diesem Programm des »Beraters der Nation« hat sich eines auf jeden fall erfüllt: Er und seinesgleichen haben viel Geld verdient.

Die anderen frommen oder unfrommen Wünsche und Versprechen haben sich nicht erfüllt: Der Staat schützt die Schwachen immer weniger. Die Gesellschaft wurde nicht »nach vorn« gebracht, sondern in die tiefste Finanz- und Wirtschaftskrise des bisherigen Kapitalismus gestürzt. Diese Ergebnisse sind keineswegs Zufall oder ein Betriebsunfall, sondern die Folge des Konzepts, nach dem Berger und seinesgleichen Unternehmen und Staat beraten.

Roland Berger ist die deutsche Verkörperung des Unternehmensberaters. Den Sprung nach oben verschaffte ihm 1987 die Deutsche Bank, die sich die 75-Prozent-Mehrheit an Bergers Beratungsunternehmen kaufte und bis 1998 behielt. In der Öffentlichkeit spielte er sich weiter als unabhängiger Berater auf. Er gehörte nun zur obersten Seilschaft in der verfilzten Deutschland AG. Die Aufträge flogen ihm zu.

Vom Unternehmensberater wurde er zum Staatsberater. Als politisches Chamäleon kann er es mit seiner Hauspartei CSU ebenso gut wie mit CDU, FDP und SPD. Die Kohl-Waigel-Truppe verschaffte ihm 1990 die Mitgliedschaft im Leitungsausschuss der Treuhandanstalt. Dort trug er dazu bei, dass seine alten Kunden günstig an DDR-Betriebe kamen und dass die Treuhand am Ende mit 270 Milliarden Mark verschuldet war. Als danach zum Beispiel der Baukonzern Holzmann vor der Pleite stand, bekam Berger mit Hilfe von Schröders SPD den Auftrag für den Sanierungsplan; da sorgte er dafür, dass der Hauptaktionär Deutsche Bank und der Hauptkreditgeber, ebenfalls die Deutsche Bank, auf ihre Kosten kamen. Dass am Ende Holzmann doch pleite ging, das muss einen Berater wie Berger nicht kümmern. Sanieren tut sich der Sanierer immer selbst, das ist das oberste Prinzip. Verantwortung für die Folgen der Beratung? Haftung? Nichts dergleichen.

Mit Schröder hatte er mehr Aufträge als mit Kohl. Schröder wollte als Ministerpräsident von Niedersachsen die »Expo 2000« als aufwendiges Renommierprojekt durchziehen. Dafür wurde eine ausgelagerte Privatgesellschaft gegründet, damit alles kostengünstig ablaufen würde. Als wegen der hohen Kosten gezögert wurde, durfte Berger das Gefälligkeitsgutachten liefern: Die für die Finanzierung notwendigen 40 Millionen Besucher würden auf jeden Fall kommen, gutachtete der »renommierte« Berater. Es kam aber nicht einmal die Hälfte. Die Schulden der privaten GmbH von 2,3 Milliarden Mark wurden kurzerhand dem Landeshaushalt von Niedersachsen und dem Bundeshaushalt aufgebürdet.

Mit solchen Erfolgen wurde Berger zum »Berater der Nation«, Talkshow-Dauergast und unvermeidliches Mitglied von Regierungskommissionen, wenn es um den »Standort Deutschland« ging. Die moralische Verkommenheit dieses Standorts zeigt sich auch darin, dass solches Denken längst die Großkirchen infiziert hat. Als die katholische und die evangelische Kirche 1997 ihr »Gemeinsames Wort zur wirtschaftlichen und sozialen Lage in Deutschland« veröffentlichten, ging die dort zart angedeutete Kritik an der wachsenden Armut manchem Reichen zu weit. Die Deutsche Bischofskonferenz berief eine Expertengruppe, in der Roland Berger die »ökonomische Sachlogik« vertrat. Heraus kamen »Neun Gebote zu mehr Beteiligungsgerechtigkeit«. Gebot Nr. 1: Mehr Eigenverantwortung! Gebot Nr. 3: Unternehmergeist mobilisieren! Gebot Nr. 5: Längerfristige Lohnzurückhaltung! Niedrige Einstiegstarife! Gebot Nr. 7: Rückführung der Sozialversicherungsbeiträge!

So konnte mit kirchlichem und politischem Segen das Beratungsunternehmen Roland Berger Strategy Consultants expandieren. Roland Berger ist jetzt Haupteigentümer und Vorsitzender des Aufsichtsrats, etwa 2000 Beschäftigte arbeiten in 36 Niederlassungen in 25 Ländern. Es mag ihn wurmen, dass Konkurrent McKinsey in Deutschland immer noch doppelt so viel Umsatz macht; es mag ihn trösten, dass er wesentlich bekannter ist. Er ist auch »Botschafter« der »Initiative Neue Soziale Marktwirtschaft« (INSM): Diese Tarnorganisation des Arbeitgeberverbands Gesamtmetall wird nicht müde zu betonen, dass die Agenda 2010 erst der Anfang bei Niedriglöhnen und »schlankem« Staat war.

Nachdem der Multiberater und Multi-Aufsichtsratsmandate-Sammler (Fiat, Sony, Komatsu …) aus dem operativen Geschäft seines Beratungsunternehmens ausgeschieden ist, betätigt er sich als Private Equity-Investor. Bei der US-Heuschrecke Blackstone wurde er »Chairman Germany«. Er gründete mit Thomas Middelhoff die englische Heuschrecke BLM Partners LLP, mit standesgemäßem Sitz in der größten Finanzoase der westlichen Wertegemeinschaft, in der City of London. Im Aufsichtsrat findet sich unter anderen der ehemalige Bundeswirtschaftsminister Wolfgang Clement, der Arbeitslose als Betrüger diffamierte. BLM lauert nun im Hinterhalt, um Unternehmen aufzukaufen, die »saniert« werden sollen.

Mit Middelhoff und Berger haben sich zwei Gleichgesinnte gefunden: Als Middelhoff 2004 beim pleitenahen Karstadt-Konzern die »Verantwortung« übernahm, arbeitete Berger am Sanierungsplan. Middelhoff zwang den Beschäftigten heftige Lohnverzichte als Sanierungsbeitrag ab. Gleichzeitig profitierte er selbst von den hohen Mieten, die Karstadt an Immobilienfonds zahlte, an denen er persönlich nebst Ehefrau Anteile besitzt: Mit diesen Fonds führte er keine Verhandlungen über Mietverzichte. Im Mai 2009 ging Karstadt in die Insolvenz. Bevor die Pleite bekannt wurde, machte sich Middelhoff im Februar 2009 aus dem Staub, unter Mitnahme eines »Erfolgsbonus« von knapp zweieinhalb Millionen Euro – ein idealer Geschäftspartner für Berger.

»Ich fühle mich nicht als Neoliberaler«, flötet der neoliberale Vorturner. Das Mitglied des Rotary-Clubs München-Harlaching fühlt sich als Gutmensch und Wohltäter der Menschheit. Berger, der als Regierungsberater für unbefristete Leiharbeit, Niedriglöhne, demütigendes Arbeitslosengeld und privatisierte Renten dazu beitrug, dass Millionen Menschen die Würde genommen wird – er gründete 2008 die Roland-Berger-Stiftung zum »Schutz der Menschenwürde«, und zwar soll die Menschenwürde »weltweit« geschützt werden. Vermutlich ist sein »Gefühl« als Wohltäter echt, denn er wird von einer Schar von Mittätern behudelt und bestätigt: Gerhard Schröder, Edmund Stoiber, Angela Merkel, Josef Ackermann, Sabine Christiansen, Charlotte Knobloch, Hans-Werner Sinn und so weiter. Bundespräsident Köhler dient als Schirmherr des jährlich mit einer Million Euro dotierten Roland-Berger-Preises, den die Stiftung vergibt. Gegenwärtig vergibt sie zudem 140 Stipendien an Schüler im Programm »Fit für Verantwortung«. Die 50 Millionen Euro Stiftungskapital spendierte der Gutmensch aus seinem Privatvermögen, das nach gemäßigter Schätzung 450 Millionen Euro beträgt. Damit sind nur noch 265 reichere deutsche Wohltäter über ihm.

Sie haben ja recht, ich als Manager verdiene fünfzigmal so viel wie Sie. Aber! Vergessen Sie nicht: Ich gebe auch fünfzigmal so viel aus.

Wolfgang Seidel

Eine Queen unter Königen

Dagmar Bertges

1989: Die Mauern fallen, die große Euphorie schwappt durch den sich öffnenden, ehemals eisernen Vorhang, alle Menschen werden Brüder – vielleicht auch Schwestern –, Kapitalismus gibt es bei uns schon lange nicht mehr, wir haben jetzt die soziale Marktwirtschaft …

Und schon stehen sie auf der Straße: die einen mit Wahlkampfflugblättern – die heißen jetzt Flyer –, die nächsten, die eine Bibel verschenken und auch gern eine Spende dafür annehmen, »wir dachten so an 40 D-Mark«, weitere locken mit Hütchenspiel, später auch mit kostenlosen Pillen zum Drangewöhnen. Die große Freiheit eben. Doch wenn die Wahlkampfversprechen sich nicht gleich im nächsten Sommer in blühende Landschaften verwandeln, kommen schon mal Zweifel »an der Politik« auf. Da kann man dann ansetzen und den Naiven etwas viel Besseres versprechen: Gewinn fast über Nacht, und das noch eingebettet in die Gemeinschaft Gleichgesinnter, die sich im »European Kings Club« vereinen, nette Menschen, ganz ohne Partei- und Vereinsbeitrag. Man muss nur ein paar Briefe kaufen. Briefe? Die heißen jetzt Letters. Und sind was wert. 1400 Schweizer Fränkli pro Stück, damals knapp 1600 D-Mark. Wenn man die kauft, tut man viel Gutes: Man entzieht das Geld den Banken, die damit nur spekulieren und Gewinne auf Kosten der kleinen Leute machen, dem Staat, der ohnehin nicht wirtschaften kann, und undurchsichtigen Drahtziehern im Hintergrund, etwa den Freimaurern. Stattdessen verwalten kompetente Leute, die man bei großen Festveranstaltungen mit nationalen und internationalen Showstars auch anfassen darf, das Geld ohne Abzüge für Verwaltung und Steuern und setzen es so gewinnbringend ein, dass nicht nur tolle Projekte für die Rettung der Menschheit finanziert werden können – Energiegewinnung durch Meditation und völlig neue Maschinen mit höchstem Wirkungsgrad, deren Breitenanwendung von den multinationalen Konzernen bisher unterdrückt wurde –, sondern auch noch Renditen von über 70 Prozent herausspringen.

Und das für alle, die diese Superchance nutzen wollen. Man

muss nur Gleichgesinnte gewinnen, die auch am Glück teilhaben möchten. Wenn jeder nur acht neue Mitglückliche findet, bekommt man jeden Monat je »Letter«« nach Währung 200 D-Mark oder Franken zurück, nach sieben Monaten hat man seinen Einsatz wieder und eine lebenslängliche Leibrente – wenn's funktioniert und genügend Gutgläubige gefunden werden. Schneeballsystem? Nie gehört. Schon eher Glückspyramide.

Diese brach bereits 1994 zusammen, da offenbar nicht mehr genügend Glückswillige zu finden waren. Geflüsterte, aber doch gehörte Bemerkung eines Werbers gegenüber seinem Mercedes-S-Klasse fahrenden Regionalleiter in Bezug auf einen »Umworbenen«: »Bei dem haben wir kein Glück, der ist zu vorsichtig.«

Wer waren nun die Mitglieder des Königshauses, die auf der Tribüne der europäischen Könige oben saßen? Ganz oben vorn war das Dagmar Bertges, die »Präsidentin«, Königin hätte besser zur Bezeichnung »European Kings Club« gepasst, aber man wollte sich wohl doch nicht mit den Monarchen anlegen, also mehr eine »Königin der Herzen«, wie die selige Lady Di. Ihr zur Seite standen Harald Bertges, Hans Günther Spachtholz, Andreas Rast, Günther Stanonik, die wesentlichen Köpfe der königlichen Tafelrunde, im bürgerlichen Beruf u. a. Ärzte und Rechtsanwälte. Ihre innere Berufung zum königlichen Dasein hat sie wohl vom normalen Broterwerb so weit entfernt, dass sie auch den Überblick über ihr Vermögen und dessen Verbleib verloren hatten. So gehen die Schätzungen über den Schaden, den sie anrichteten, auseinander: Nach nur drei Jahren, von 1991 bis 1994, waren 94 000 Opfer in 40 Ländern um ein bis zwei Milliarden Mark geprellt. Der untere Grenzwert resultiert aus dem Mindesteinsatz von 9 800 D-Mark und der Zahl der Geschädigten, der obere aus der Vermutung, dass viele Opfer aus Scham über ihre leichtgläubige Dummheit nicht preisgeben wollen, wie viel sie verloren haben.

Wo aber ist das Geld geblieben? Als das Schneeballsystem zusammenbrach und Konkurs angemeldet werden musste, sollen noch 20 Millionen D-Mark vorhanden gewesen sein. Allein der mitangeklagte Salzburger Rechtsanwalt Stanonik sollte 34 Millionen Schilling (5 Millionen D-Mark) Honorar zurückzahlen. Einen großen Teil des zusammengerafften Vermögens haben die »Könige« angeblich bei Spekulationsgeschäften verloren. Vor

Gericht waren fast alle voll geständig und reumütig, im Dezember 1996 ergingen vom Landgericht Frankfurt am Main an die drei Hauptangeklagten Strafen von viereinhalb bis sieben Jahren Gefängnis. Nur eine blieb standhaft und ohne Schuldbewusstsein: Dagmar Bertges, die Präsidentin-Königin. Das brachte ihr acht Jahre »Kerker« ein. Eine Königin im Schuldturm, fast wie Maria Stuart, aber sicher unter besseren Haftbedingungen und ohne deren bitteres Ende, was sie wiederum auch von Lady Di unterscheidet. Und wenn sie nicht gestorben ist … ist sie heute wieder auf freiem Fuß. Ihre Entlassung war keine Schlagzeile wert. Sicher werden ihr aber einige unbelehrbare Getreue Geleit gegeben und zugejubelt haben, wie im Gerichtssaal, und da hatte sie doch wieder etwas mit der Königin der Herzen gemeinsam.

Erst wenn der letzte Baum gerodet,
der letzte Fluss vergiftet
und der letzte Fisch gefangen ist,
werdet ihr merken,
dass man Geld nicht essen kann.

Weissagung der Cree

Christina Seidel
Es war einmal
Dirk Bettels

Jung und dynamisch, wohlgenährt bis feist, so erschien der Di-
plom-Kaufmann Dirk Bettels 1990 in Halle an der Saale, um
den Einwohnern das kleine Einmaleins der sozialen Marktwirtschaft beizubringen. Von Aktiengesellschaften und GmbHs, über
Management und Treuhandverwaltung bis zu Vorständen und
Verzinsungen. Wie die schüchternen Geißlein dem Wolf glaubte
wohl besonders der Rat, allen voran Parteifreund (CDU) Oberbürgermeister Renger den wohlfeilen, geschliffenen Worten und
süßen Versprechen des Hildesheimers, der sich ohne große Mühe
das Vertrauen der Hallenser erschlich. Hätten sie gewusst, wie der
smarte Jüngling in der Hildesheimer Zeitung über sie urteilte! »Die
Leute haben keine Dynamik. Eine Portion Faulheit mischt sich
mit einem Quäntchen Angst und 40 Jahren vertrauter Lethargie.«
    Aber wer informiert sich schon umfassend, wenn die Neuigkei-
ten auf einen hereinprasseln wie dicke Hagelkörner. Der 26-Jäh-
rige wurde neben dem Oberbürgermeister zweiter Mann von
Halle, erhielt von ihm eine Generalvollmacht, die ihn zu Entscheidungen über sämtliches kommunales Eigentum der Stadt berech-
tigte, nannte sich Chef der Magistratskanzlei, wurde Aufsichts-
ratsvorsitzender der halleschen Wohnungsbaugesellschaft HWG,
Aufsichtsratsmitglied der Hall-Bau AG und Bevollmächtigter der
Treuhand der Stadt.
    Hildesheim wurde im gleichen Jahr Partnerstadt von Halle,
was nicht das Schlechteste war, aber nicht alle nach Halle geeilten
Partner waren echte Partner. Gleich drei Tage nach dem Erhalt
seiner Generalvollmacht schrieb Bettels seinem Onkel in Hildesheim, dem Anwalt Claus Adler und Familienanwalt Suden, dass
deren Rechtsbeistand benötigt würde. Betteln mussten beide also
nicht für Aufträge, 1,5 Millionen Mark wurden ihnen aus der Kasse
der HWG förmlich hinterhergeworfen. Für wenige Tage Arbeit.
Obwohl zum damaligen Zeitpunkt ein westdeutscher Anwalt für
seine Beratungen auf dem Gebiet der damaligen DDR kein Honorar erhalten durfte. Jeweils 171 000 DM erhielten sie als Abschlag,
der »Rest« wurde per Scheck Anfang 1991 beglichen, »gemäß Auf-

sichtsratsentscheidung«. In den Aufsichtsrat der HWG hatten sich Bettels und seine beiden Anwälte selbst gewählt. Der Chef der Magistratskanzlei hatte in kühner Schätzung das Stammkapital der HWG auf 500 Millionen Mark, zehnmal so hoch festgelegt, wie später der hallesche Finanzdezernent Brisken. Mit Sicherheit nicht blauäugig, denn daraus ergab sich das gewaltige Anwaltshonorar.

Da bleibt dem kleinen Mann, der glücklich war über 100 Mark Begrüßungsgeld, der Mund offen stehen. Und wenn er seine Freude darüber offen zeigte, stieß er, gelinde gesagt, auf Unverständnis bei den westdeutschen »Partnern«. Nein, schenken wollten sie sich nichts lassen. Hart arbeiten müsse man für sein Geld …

Eine Ausnahme, der Bettels und Konsorten, wird er denken, so viel Korruption, Kungelei und Unverfrorenheit kann doch aus dem goldenen Westen gar nicht herüberschwappen. In Zukunft wird man vorsichtiger sein … I bewahre!

Vorausgegangen war Bettels Idee, den VEB Gebäudewirtschaft Halle in eine Aktiengesellschaft umzuwandeln, in die der VEB Gebäudewirtschaft Halle-Neustadt einzugliedern war. Am 15.6.1991 machte er sein Vorhaben öffentlich, doch hier erwies er sich erstmals als nicht dynamisch genug, denn am selben Tag war der Neustädter Betrieb als GmbH im Handelsregister eingetragen worden. Doch mit seiner Generalvollmacht konnte Bettels ja nun frei schalten und walten. Zwei Wochen später machten er und seine zwei Anwälte aus der Neustädter GmbH eine AG und gründeten die Hallesche Wohnungs- und Grundbesitz AG. Die zwei ehemaligen Direktoren spielten bei diesem Deal nicht mit, schrieben sogar eine Beschwerde an das zuständige Ministerium. Ihre Kündigung ließ nicht auf sich warten.

Mit dem Recht nahmen es die Aufsichtsratsmitglieder nicht so ernst, auch nicht mit einem Gründungsbericht und einer Eröffnungsbilanz der AG. Beides hielten sie nicht für nötig oder »vergaßen« es einfach.

Vorstandschef wurde ein Duzfreund von Bettels und Bekannter aus der Jungen Union, 27 Jahre alt, Jurastudent mit nicht allzu großer Sachkenntnis. Als immer mehr Stimmen auf Unregelmäßigkeiten hinwiesen, legte er sein Amt nieder.

Der neue Vorstand Bernd Henkelmann genoss aus hundert

anderen Bewerbern offenbar Heimvorteil. Zum Vorstellungsgespräch musste er gar nicht erst anreisen, telefonisch wurde alles geklärt. Mit ausschlaggebend für seine Wahl könnten seine »moderaten« (Bettels) Gehaltsvorstellungen von 120 000 Mark im Jahr gewesen sein.

Unmöglich sich vorzustellen, dass ein Normalsterblicher ohne Einstellungsgespräch einen lukrativen Job erhält …

Als dem Oberbürgermeister 1991 Informelle Mitarbeit beim MfS vorgeworfen wird, ist auch für den zweiten Mann die Karriere in Halle beendet. Vorerst. Er geht zurück nach Hildesheim, zurück zu seiner Sippschaft. Ungestraft. Dort arbeitet er als Geschäftsführer des Infrastrukturbau-Verbundes und ist u. a. für Beglaubigungen (!) zuständig, ist Vizepräsident des Handballvereins Hildesheim. Vizepräsident der IHK Hannover wird er auch und nach acht Jahren mit Dank verabschiedet.

15 Jahre später lädt er wieder ins Stadthaus bei Halle ein. Diesmal als Honorarkonsul der Slowakei für den Konsularbezirk Niedersachsen, Sachsen-Anhalt und Bremen. »Ein junges und dynamisches Konsulat«, lobt eine slowakische Gesandte und bedankt sich für die Wiederherstellung der traditionellen Beziehungen zur Stadt Halle beim Konsul, der, so viel weiß sie, »sich 1989 in die DDR hatte einbürgern lassen«. Jetzt residiert er in Langenhagen bei Hannover.

2001 war das Konsulat eröffnet worden, und zur damaligen Feierstunde betonte die Ministerin Maria Machova, dass ihr Land mit Dirk Bettels »eine ausgezeichnete Wahl« getroffen habe. »Er erfüllt sämtliche Voraussetzungen, um unseren Staat auf allen Ebenen gut zu vertreten.« Sie ließ sich aber nicht genauer über diese Voraussetzungen aus. Großspurigkeit, Berechnung, Verschlagenheit, betrügerische Fähigkeiten, Hochstapelei wird sie wohl kaum gemeint haben.

Reizvoll an dem »interessanten Marktplatz Slowakei« ist für Bettels besonders das »niedrige Lohnniveau«, das »zumindest mittelfristig einen interessanten Produktions- und Warenbezugsstandort in relativ geringer Entfernung darstellt«.

Offen bleibt, ob er sein Honorar als Konsul an dieses Lohngefälle angepasst hat.

D wie Deutsche Bank

Dafür, dass Jesus die Wucherer einst aus dem Tempel gejagt hat, ist die Deutsche Bank ein frommes Unternehmen. Sie betet jeden Tag zu ihrem Schutzheiligen St. Josef. Also, Ackermann, damit der um Gottes willen ja nicht die staatlichen Finanzbeihilfen in Anspruch nehmen möge. Das würde nämlich bedeuten, dass die Manager in den Chefetagen ihren Gürtel enorm enger schnallen müssten. Sie dürften dann nur noch 500 000 Euro im Jahr verdienen. Sozialer Abstieg pur für diese Berufsgruppe. Zumal ja bei diesem Regelsatz, anders als bei Hartz IV, Wohngeld und Heizkostenzuschuss nicht extra ausgezahlt werden. Deshalb ist auch schon von ersten Bankerselbsthilfegruppen die Rede, und man spricht hinter aufgehaltener Hand sogar schon von Montagsdemonstrationen, die von den Banken ausgehen sollen. Die Banker haben ihre Marschroute beim Ordnungsamt bereits angemeldet. Sie wollen immer am DAX lang. Also den Bach runter. Und auf diesen Demos sollen dann die in den Selbsthilfegruppen gebastelten Plakate und Transparente mitgeführt werden. Da steht dann zu lesen: »Finanzmarktstabilisierung ist Armut per Gesetz«, oder »Steinbrück in den Steinbruch!« Wobei man fragen muss, was hat der Mann eigentlich so Schlimmes getan? Doch nichts anderes, als Politiker immer tun, wenn sie nicht wissen, was sie tun sollen: Am Grundgesetz rumfummeln. Diesmal hat es eben den Artikel 20 getroffen. Bisher stand da zu lesen: »Alle Gewalt geht vom Volke aus.« In der neuen Lesart heißt es: »Alles Gehalt geht vom Volke aus.« Und zwar gleich an die Banken. Denn arme Banken sind für unsere Regierung viel gefährlicher als arme Kinder. In Deutschland gibt es 1,9 Millionen arme Kinder. Dagegen bloß 230 Privatbanken. Und wem wird geholfen? Den Kindern nicht. Wenn nämlich eine Bank verarmt, dann bricht der ganze Markt zusammen. Wenn ein Kind arm ist, bricht es höchstens selbst zusammen. Vor Hunger. Und zwar zu Hause. Weil es gar nicht mehr bis auf den Markt kommt.

Angela Merkel hat zwar gesagt, unsere Spareinlagen wären sicher, aber der Wahrheitsgehalt dieser Aussage kommt doch gleich nach dem Satz: Die Erde ist eine Scheibe. Jeder normal denkende

Mensch fragt sich: Wie kann denn ausgerechnet der Staat, der selbst der größte Schuldner bei den Banken ist, jetzt die Banken plötzlich retten? Doch wohl nur, indem er unsere Steuergelder in sie hineinpumpt. Es ist aber zu vermuten, dass das nicht reichen wird, denn in den Banken sitzen offenbar mehr Nullen, als wir alle zusammen auf unserem Sparbuch haben. Normalerweise hätte der Staat sagen müssen: Banker in die Produktion, und schuften, bis das Geld wieder da ist! Aber wo sollen die denn hin? Außerdem weiß so ein Banker doch auch gar nicht, wie schwer es ist, Geld zu verdienen. Das Einzige, was der vom Geld weiß, ist, dass er es von anderen haben will. In diesem Falle vom Staat. Der hat zwar auch keins. Aber der hat die Lizenz zum Drucken. Das nennt man dann Inflation. Dann sind zwar unsere paar hundert Euro auf dem Konto sicher, wie die Kanzlerin gesagt hat, aber dafür kostet dann ein Brot vielleicht eine Billion oder eine Tankfüllung drei Trillionen. Das gab es doch alles schon mal. 1929, als am »Schwarzen Freitag« in New York die Börse zusammenbrach! Jetzt werden manche sagen, die Situation heute kann man doch nicht mit 1929 vergleichen, denn die Lehman-Bank ist ja nicht an einem Freitag zusammengebrochen, sondern an einem Montag. Umso schlimmer! Das zeigt doch nur, dass dieses System jeden Tag zusammenbrechen kann. Das haben wir doch alles in Politischer Ökonomie gelernt. Wir Ossis hätten es eigentlich wissen müssen, dass an der neuen Währung 1990 eben nicht nur die Bananen dranhängen. Nein, da kommen auch noch andere krumme Dinger hinterher. Und wer da jetzt sagt: »Das habe ich doch alles gar nicht gewusst!«, dem muss man sagen: »Da haste vierzig Jahre lang gepennt!« So wie die Aufsichtsräte in den Banken gepennt haben müssen. Das muss man sich mal vorstellen: Da wurden Millionen und Abermillionen an amerikanische Pleitebanken überwiesen, und kein Mensch hat das kontrolliert. Auf der anderen Seite müssen aber die Hartz-IV-Empfänger ihre Konten offenlegen. Die werden so was von nackig gemacht! So nackig, dass die sich schon gar nicht mehr auf die Straße trauen. Deshalb soll ja für die jetzt extra ein Nacktwanderweg im Harz eingerichtet werden. Und dann erst die klugen Vorschläge von Thilo Sarrazin, einst Finanzsenator in Berlin, jetzt im Vorstand der Bundesbank. Sein neuster: Die Kommunen sollen ab sofort verstorbene Hartz-IV-Empfänger nur noch bis zum Bauchnabel eingraben. Warum? Damit die ihre Grabpflege obendrauf noch selbst bewerkstelligen können. Das war jetzt ein Witz. Noch. Man kann ja nicht sicher sein, auf was die alles noch kommen. Das Einzige, was zur Zeit sicher ist, ist die Tatsache, dass Marx und Engels nicht in den Schlaf kommen vor Lachen. Die sitzen den ganzen Tag auf ihrer Wolke und kichern: »Das haben wir doch alles in unsere Bücher hineingeschrieben.« Bloß, wer hat denn die noch? Deshalb hier für alle, die ihre blauen Marx/Engels-Bände entsorgt haben, noch einmal die Kurzfassung dessen, was die beiden im »Kapital« geschrieben haben: Wenn man einer Bank vertraut, dann ist das so, als wenn man einem vertraut, der eine Hundepension eröffnet mit angeschlossenem Chinarestaurant.

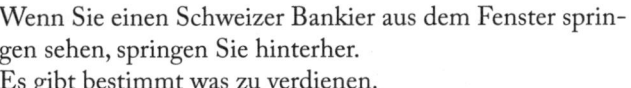

Wenn Sie einen Schweizer Bankier aus dem Fenster springen sehen, springen Sie hinterher.
Es gibt bestimmt was zu verdienen.

Voltaire

Edgar Külow

Mit klingender Münze
Jürgen Emig

Beim ersten Hinsehen denkst du noch, das kann nicht wahr sein; doch langsam dämmert es, eine kleine Gefälligkeit, wenngleich bezahlt, bläst sich auf zu einem großen, sehr gutgehenden Geschäft.

Jürgen Emig, Sportchef beim Hessischen Rundfunk, 10 000 Euro Monatsgehalt ohne diverse Honorare, eine halbe Million auf Konten im Ausland, ein Haus vom Feinsten für eineinhalb Millionen Euro. Für diese kriminelle Energie des Individuums gab es beim HR einen vorzüglichen gesellschaftlichen Nährboden.

Nun war der Sender finanziell immer klamm, und Emig schaffte, vom Intendanten gelobt, Geld herbei, indem er die Sportvereine und Wirtschaftsverbände gegen gute Bezahlung ins rechte Bild setzte. Ja, aber: Die Einnahmen liefen über seine Firma SMP, die sehr klebrig war. Der Inhaber dieser Agentur war natürlich nicht Emig, sondern Herbert Frahm, Präsident des deutschen Tanzsportverbandes, eine Marionette. Er wurde folgerichtig auch nur auf Bewährung verurteilt. Eine Sekretärin machte den Fernsehdirektor auf Emigs kriminelle Geschäfte aufmerksam. Sie machte es nicht noch einmal.

Im Prozess erklärte der Sportredakteur Werner Damm, er habe alles durchschaut, jedoch nichts gesagt, weil er beim HR bleiben wollte.

Man muss sich vorstellen, dass da Hunderte von Fernsehmitarbeitern täglich vor ihren Manuskripten sitzen und dem müden Bürger ins Ohr blasen, Mut zur Wahrheit, Standhaftigkeit und Zivilcourage zu beweisen, und in ihrem Sender gibt es mafiose Strukturen.

Emig ist von seiner Intendanz nie dazu gezwungen worden, für den Sender Geld einzutreiben. Emig tat es aber. Der Sender nahm das Geld natürlich gern. Noch lieber nahm es Emig.

Jürgen Emig wurde vom Frankfurter Landgericht zu einer Freiheitsstrafe von zwei Jahren und acht Monaten verurteilt. Der Richter ließ wissen, dass Emig in seinem Prozess noch gut weggekommen sei. Angesichts des Schadens, den er verursacht, und des hohen Maßes an krimineller Energie, die er an den Tag gelegt habe, wäre ein Strafrahmen von bis zu elf Jahren möglich gewesen. »Sie haben nicht aus Not gehandelt und wurden nicht von anderen verleitet. Alles, was hier passiert ist, haben Sie sich ausgedacht und umgesetzt«, rief ihm der Richter entgegen. Emig wurde verdonnert wegen Untreue, Bestechlichkeit und Beihilfe zur Bestechung.

Rolf Müller, Chef der Hessischen Sportverbände, saß über Jahre als Vertreter einer gesellschaftlichen Gruppe beim HR herum. Aber auch er ließ die Emig-Gruppe nicht hochgehen. Welch ein Geist herrscht in diesen Sendern. Der ehemalige HR-Intendant sagte in Frankfurt aus: »Ich habe mich für den Sport ohnehin noch nie interessiert!«

Mein Begleiter behauptete, der Klaus Berg habe sich auch für das Fernsehen nie interessiert, nur für das Geld, das er dort verdient. Aber das ist heute möglich, du kannst dich schließlich in den Bundestag wählen lassen, ohne dass dich das Leben der kleinen Leute sonderlich interessiert.

Warum halten wir uns so lange mit diesem Gauner Emig auf? Weil er kein Einzelfall ist. In Leipzig steht Wilfried Mohren vor der Tür. Er hat seine Geschäfte beim MDR unter staunendem Beifall der ihn umlagernden Ostdeutschen abgewickelt. Doch bekanntlich gibt es in Deutschland mehr als diese zwei Fernsehsender, in denen Menschen arbeiten und gutes Geld verdienen. Nun lehrt uns aber die Erfahrung von HR und MDR, dass im Fernsehen nicht nur Menschen arbeiten, deren Integrität über jeden Zweifel erhaben ist. Nein, leider nicht. Auch dort gibt es Duckmäuser, Feiglinge, Mitläufer, Mitklatscher und Arschkriecher. Und wenn es dieses Heer von Weicheiern nicht gäbe, wie sollten diese Kriminellen ihre Schandtaten so lange verbergen können?

Gerhard Zwerenz
Ist Joachim Fest noch bei Trost?

Im *Spiegel* Nr. 25 vom 20. 6. 2005 fragt Joachim Fest auf Seite 142: »Ist Reich-Ranicki noch bei Trost?« Die beiden langjährigen *FAZ*-Kameraden sind inzwischen windungsreich verfeindet. Fest: »Er spielt einfach keine Rolle mehr ... er hat einen Rufmord versucht ... Alles hat ein Ende ...« Und das, weil MRR unter anderem gewagt hat, sich zu erkundigen, ob bei Fests 60. Geburtstag im Frankfurter Kempinski-Hotel das »Horst-Wessel-Lied« gesungen werde. Reich-Ranicki übertreibt. Die erste Strophe der deutschen Nationalhymne würde es auch tun. Außerdem steht noch die Sache mit Albert Speer an, in dessen Arme MRR geschubst wurde, entweder von Fest oder von dem Verleger Wolf Jobst Siedler – vielleicht auch vom Osterhasen. Und der *Spiegel* erst, der sich jetzt erkühnt, den Spitzenjournalisten JF zu fragen: »Warum nimmt der Holocaust in Ihrem Werk stets einen so kleinen Raum ein?« Welche Schärfe. Welch ein unbeirrbar aufklärerischer Journalismus. Tage zuvor schminkten *FAZ*-Feuilletonchef Frank Schirrmacher und *Spiegel*-Chefredakteur Stefan Aust höchstselbst in besagter *FAZ* den Hitler- und Speer-Biografen zum Dritten im Bunde auf. Frack schlägt sich, Frack verträgt sich. Aust ist vom *konkret*-Linken so weit nach rechts gerückt, dass er naturgemäß mit Sieburgs Nachlass in der *FAZ* zusammenklumpen muss. Die einst getrennt marschierenden Gene vereinigen sich wieder. Im *Spiegel* freilich fragt der *Spiegel* den Fest unerschrocken und direkt: »Sie treibt nicht die Frage um, wie Speer Ihnen gegenüber behaupten konnte, von Auschwitz nichts gewusst zu haben?« Fest erwidert: »Wie kann Joschka Fischer behaupten, er habe von den Vorgängen in Kiew nichts gewusst?«

Noch jemand da, der Speer mit Fischer entlastet? Auf den Vorhalt, weshalb Fest das »Entstehen des Speer-Mythos« nicht verhindert habe, entgegnet er: »Kein kritischer Beobachter ist damals mit begründeten Zweifeln an die Öffentlichkeit getreten ...«

Hier stellt Fest sein Lichtlein untern Scheffel. Als er Speer zum bürgerlichen Ehren-Nazi erhob, hatte er alle Hände voll damit zu tun, Rainer Werner Fassbinder als antisemitischen Linksfaschisten zu diffamieren (*FAZ* 19.3.1976). Der da so anklagend auf die Linke verwies, konnte selbstverständlich nicht ahnen, dass Albert Speer, für den er über ihn schrieb, ein Nazi-Verbrecher war. Der tüchtige *FAZ*-Herausgeber fertigte ihm einfach ein gutes Gewissen an, damit das deutsche Bürgertum nicht etwa glaube, seine Hitler-Anbeter seien alles braune Grobiane und blutbefleckte Henkersleute gewesen. Aber nein, es gab richtig distinguierte Kulturmenschen aus bester Familie darunter. Reichs-Architekten eben.

Fest ist gewiss die beste Instanz für die neue Willensbildung der Berliner Republik. Schon am 20. 4. 1985 leitartikelte er in seinem Blatt über »Sinn und Niederlage«: »Das gebrochene Verhältnis der Deutschen zum 8. Mai tritt in diesen Tagen immer neu in Erscheinung. Vorausgesetzt wird dabei, dass die Sieger des Krieges uneingeschränkten Anlass hätten und nicht gefangen seien im Zwiespalt zwischen Gefühlen von Befreiung, Trauer, Schuld, der alles deutsche Zurückblicken so ausweglos macht.« Warum »alles deutsche Zurückblicken so ausweglos« ist, erklärte Fest uns auch, »weil nämlich Roosevelt … in einer Mischung aus Großmannssucht, Naivität und zynischer Gedankenlosigkeit Stalin fast jedes Zugeständnis machte.« So wurden wir wegen des Zynikers Roosevelt nicht schon 1945 wirklich befreit.

Abgesehen vom US-Präsidenten sind es sonst immer Juden, die für alle Übel verantwortlich gemacht werden. Fest rechnete in der *FAZ* vom 29.8.1986 auch vor, »dass unter denen, die der schon bald in Chaos und Schrecken auslaufenden Münchner Räterepublik vorgestanden haben, nicht wenige Juden gewesen waren«; wie viele Katholiken oder Protestanten beteiligt waren, zählte er nicht auf. Die Nazis hoben halt auch immer nur die Juden und Kommunisten hervor.

Dann wollte Fest den Philosophen Ernst Bloch »als Vordenker des Totalitarismus« erledigen. Das ging selbst dem *Spiegel* zu weit, der es freilich als »geistige Holzhammertechniken« verniedlichte.

Am 9.3.1991 zitierte Fest in der *FAZ* , Bloch habe 1980 versichert: »Über Mangel an revolutionärer Unruhe brauchen wir keine falschen Sorgen zu haben.« Ingrid Zwerenz fragte daraufhin bei der Zeitung an, wie der gewiss eloquente Ernst Bloch 1980 etwas versichert haben könne, wo er doch nachweislich 1977 verstorben war. Diese Erkundigung vom 10 3.1991, das Totenreich betreffend, blieb leider unbeantwortet.«

Da wir gerade bei Fests Übergriff ins Totenreich anlangten, sei an Rainer Werner Fassbinder erinnert, den Fest als moskaubübischen Linken entlarvte. Als es darauf Einwände gab, der exzessive Filmemacher sei mitnichten ein Linker, argumentierte die *FAZ*-Edelfeder, Fassbinder sei doch mit Zwerenz befreundet, also links, und den Vorwurf des antisemitischen Linksfaschismus untermauerte er mit dem schlagenden Argument, Fassbinder habe seinem Chabrol-Essay diesen Zwerenz-Satz vorangestellt: »Es gibt nichts Schöneres als die Parteinahme für die Unterdrückten, die wahre Ästhetik ist die Verteidigung der Schwachen und Benachteiligten.«

Als sich nach Fassbinders Tod im Jahr 1982 die Gelegenheit bot, mit der *FAZ*-Giftfeder abzurechnen, schrieb ich: »Danach sind Fassbinder und Zwerenz also fast so links wie Jesus Christus, und das genügt, beide aus der Gemeinschaft Rechtgläubiger auszuschließen.« Damals nahm ich mitunter an, Fest sei ein schwarzer Humorist, heute wird mir klar, er ist zur germanischen Eiche der Berliner Republik aufgewachsen. Angela Merkel und ihre Stoiberer werden der Restlinken schon zeigen, wo Fest den Most holt.

Zurück zum Edel-Nazi: Da nun auch die etablierten Meisterschreiber dieser havarierenden Republik nicht mehr verschweigen können, was die kleine Linkspresse seit Jahr und Tag sagt, dass Fest seinen Speer so exkulpierte, wie der sich einst in Nürnberg um den Galgen herumlog, darf die bestsellernde *FAZ*-Koryphäe mit seitenlangen Abschweifungen behaupten: »Speer hat uns allen eine Nase gedreht.« Mit dem durch nichts zu rechtfertigenden »uns allen« nimmt er wie üblich das werte Maul zu voll. In Wahrheit führte Fest wie Speer die Leser an der Nase herum. Das mag für unsereinen entweder eine gigantische Verarsche oder einfach verachtenswert sein, es gibt jedoch noch ein Drittes: Die Herren von der schwarzen Mitte suchen ein ganzes Volk an der Nase herumzuführen. Dieser J. F., der bei Kriegsende noch den Junghelden mit Stahlhelm und Seitengewehr spielen durfte, sieht sofort rot, ignoriert jemand das traditionelle Kommando Stillgestanden. Fest verkörpert das deutsche Grundmuster des Hasses auf die Linke und der Furcht vor ihr. Dieser Herr will 1945 weder besiegt noch befreit worden sein. Als Mitarbeiter am Drehbuch zum Film »Der Untergang« biegt er sich Hitler nach Gusto zurecht, damit alle Bedingungen, die den Führer zum Bauchredner des deutschen Imperialismus werden ließen, im Dunkeln bleiben können.

So folgt auf den ersten Untergang von 1918 der zweite von 1945, und für einen dritten bleibt auch noch Platz. Die totalen Krieger im Ungeist stimmen auf die nächstbesten Kriege ein. Es riecht ein wenig wie Anfang der 30er Jahre, als sich die Eiserne Garde von Carl Schmitt über Ernst Jünger bis Martin Heidegger auf den Kulturbruch vorbereitete. Damals stiegen die Buchverkäufe Jüngers in jene steilen Höhen wie die Auflagen und Auswirkungen von Speer und Fest heutzutage. Damals konnte die Linke in Deutschland nur mit Gewalt zerschlagen werden. Für die gegenwärtige SPD genügt ein Fliegenwedel, denn der Antifaschismus wurde seit langem zum Feind erklärt.

Die Würde des Menchen ist unauffindbar.

Hans Wallow

Der Totalversager

Joseph Fischer

Der 18. Oktober 1984 in Bonn versprach, als goldener Herbsttag zu Ende zu gehen. Langsam senkte sich der Abendnebel über die friedlich tuckernden Schiffe, und unterhalb der Ufermauer hinter dem Deutschen Bundestag liefen die Jogger ihre letzten Runden. Im Hohen Hause aber war Randale.

Der über die Liste für seine Partei in den Bundestag eingezogene Abgeordnete Joseph Martin Fischer wurde nach zahlreichen Zurechtweisungen durch den Bundestags-Vizepräsidenten Stücklen nach Paragraf 38 der Geschäftsordnung für drei Tage von den Beratungen ausgeschlossen. Der junge Mann wurde schon häufiger in seinem Leben gefeuert.

Während der kleine Joschka, wie ihn seine Fraktionskollegen nannten, begleitet vom hämischen Grinsen der übrigen Parteienvertreter etwas o-beinig zum Ausgang watschelte, drehte er sich noch einmal um und sagte: »Mit Verlaub, Herr Präsident, Sie sind ein Arschloch.« Im Wortprotokoll, in dem sonst jeder Zwischenruf akribisch festgehalten wurde, suchte man anderntags vergeblich nach der Beschimpfung. Fäkalsprache im Hohen Hause: Das durfte nicht sein. Trotzdem und ganz ohne E-Mail feixten die Milieus, ob in APO- oder Schickimicki-Kneipen. Der ehemalige Straßenkämpfer hatte es den biederen Schlipsträgern mal richtig gegeben. Da war einer, der es auf den Punkt brachte. Das, was viele Journalisten ihrem Chefredakteur oder Intendanten schon immer einmal ins Gesicht schleudern wollten. Der Abgeordnete Fischer wurde schon nach einem Jahr als Rächer der Selbstentmündigten zum Medienstar. Die Wirkung verblüffte ihn selbst: »Ich bin immer krumme Wege, nie gerade gegangen. Deswegen bin ich auch bei den Grünen gelandet.« Einige dieser Pfade waren wohl auch verschlungen und schlecht ausgeleuchtet.

Seine dominante Mutter Elisabeth hatte Höheres im Sinn mit Joseph Martin, den sie am 12. April 1948 in der Ehe mit dem Metzgermeister Joszef Fischer in Gerabronn gebar. Er sollte Finanzberater werden. Aber Joseph Martin wusste schon früh: In der spießbürgerlichen schwäbischen Enge seines Elternhauses wollte er nicht leben. Das Gottlieb-Daimler-Gymnasium in Stuttgart war auch nicht sein Ding. Und so musterte er nach der 10. Klasse ab. Nach der schnell abgebrochenen Fotografenlehre flüchtete er in eine Hilfssachbearbeiterstelle beim Arbeitsamt und von dort in die Anonymität der Großstadt Frankfurt am Main mit ihren schmuddeligen Szenekneipen und den Wohngemeinschaften der Alternativen. Dort konnte er endlich seine Intellektualität und Tatkraft beweisen. Er fraß sich durch revolutionäre Bücher, vornehmlich solche, in denen man etwas über Machterwerb erfuhr. Beim Existenzialisten Jean-Paul Sartre las er, wie man sich selbst erfindet. Aber irgendwie musste auch Geld für den Lebensunterhalt her. Sponti Fischer übersetzte Pornos und malte Kreidebilder in Fußgängerzonen, bis er die Erleuchtung spürte, Opel-Arbeiter im Werk Rüsselsheim am Fließband mit linken Parolen zu agitieren. Schnell wurde er mit dem Einverständnis des Betriebsrates gefeuert. Als Taxifahrer und Mitglied der militanten Frankfurter Gruppe »Revolutionärer Kampf« sah man ihn bei Demos und Straßenschlachten in vorderster Front. Er lernte die »Faszination der Gewalt« kennen. Seine ziel- und regellose Auseinandersetzung mit dem »Schweinesystem« endete zunächst vor dem Richter. Sechs Wochen Knast ohne Bewährung lautete das Urteil. Die brauchte er aber dank einer Amnestie der Regierung nicht abzubüßen. Später musste er in U-Haft dann noch einige Tage lang seine Unschuld beteuern. Die kahlen Zellenwände und die Ermordung des Arbeitgeberpräsidenten Schleyer haben nach seinen Worten zum »Illusionsverlust« und dem Eintritt in die aufsteigende Polit-Sekte der Grünen geführt.

Ein Opportunist, der die Gunst der Stunde begriff, oder ein junger begabter Mensch, der sich aus Einsicht zum Demokraten gewandelt hat? »An ihren Früchten sollt ihr sie erkennen.« So steht es schon in der Bibel. Der junge Star der immer noch buntscheckigen »Grünen« verstand nicht viel von der »Umweltpolitik«, seine Dominanz lag im taktischen Spiel um die Macht. In seinen Reden lag keine Dialogbereitschaft: Er bedrohte und verletzte Freunde wie Gegner. Gelegentlich nur so aus Spaß. Das Multitalent entpuppte sich auch als kreativer Märchenerzähler. Anders als in seinen euphemistischen Schilderungen von einer »Tramp-Tour« in die arabischen Staaten, war er, wie die NDR-

Sendung »Panorama« herausfand, ein Mitglied der fünfköpfigen Delegation jenes PLO-Solidaritätskongresses in Algier, auf dem Jassir Arafat das Verschwinden Israels von der Landkarte forderte. Vermutlich waren sie alle bekifft und ahnten nicht, was sie da beklatschten.

»Die schönste Tellerwäscher-Vita der deutschen Nachkriegsgeschichte«, schrieb der Journalist Heribert Prantl. Nach den Stationen als Fraktionsvorsitzender der Grünen im Deutschen Bundestag wurde Joschka zweimal Umweltminister in Hessen. Der unaufhaltsame Aufstieg des heimlichen Führers der »Grünen« schien nur einmal gefährdet, als 2001 Fotos erschienen, die angeblich den Schläger Fischer zeigten, wie er während einer Demonstration in Frankfurt erbarmungslos auf einen bereits am Boden liegenden Polizisten eindrosch. Doch er schaffte es, das bisschen Haue mit Reuefalten auf der Stirn und treuherzigem Blick zur Bagatelle zu quasseln.

Am 27. Oktober 1998 war der begabte Autodidakt und Aufsteiger an seinem Traumziel angelangt. Mit der Verantwortung für das Außenministerium übernahm Joseph Martin Fischer eine Behörde, deren Anteil an ehemaligen NSDAP-Mitgliedern zu Beginn der 50er Jahre höher lag als im Jahre 1938 beim Amtsantritt des Nazi-Außenministers von Ribbentrop. Als ein selbstreferenzielles geschlossenes System, das Gleichgesinnte anzog, imprägnierte sich diese konservative Institution gegen zudringliche Reformer. Wer nun glaubte, dass der grüne Außenminister wie einst Willy Brandt 1966 die wichtigsten Schaltstellen mit Beamten seines Vertrauens besetzen würde, sah sich getäuscht. So ließ er den Staatssekretär Wolfgang Ischinger, der einst schon die Balkanpolitik des Außenministers Kinkel exekutierte, auf seinem Posten. Dazu schrieb die Ex-Grüne Jutta Ditfurth: »Vom ersten Moment an hinterließ er eine breite Schleimspur und unterwarf sich der herrschenden Ministerialbürokratie.« Fortan sprach er auch täglich besser im schnarrenden, herablassenden Tonfall der vortragenden Legationsräte 1. Klasse.

Die journalistischen Hofschranzen des »Bonner Generalanzeiger« schrieben über die behutsamen Veränderungen: »Fischer sucht Kontinuität.« Damit war nicht die Entspannungspolitik gemeint, sondern zum Beispiel die seit NS-Zeiten einseitige, auf Rassismus beruhende Parteinahme für die Kosovo-Albaner in der vom Bürgerkrieg zerrütteten Bundesrepublik Jugoslawien. In den Koalitionsverhandlungen hatte Rot-Grün für die Außenpolitik zwar vereinbart: »Grundlagen sind dabei die Beachtung des Völkerrechts und das Eintreten für Menschenrechte, Dialogbereitschaft, Gewaltverzicht und Vertrauensbildung.« In der Praxis ging der Außenminister Fischer aber gemeinsam mit den USA nach den Scheinverhandlungen in Rambouillet auf Kriegskurs. Die Rechtsgrundlage war das Faustrecht.

In der dominanten US-Außenministerin Madeleine Albright alias »Madam Bomber«, wie sie in diplomatischen Kreisen genannt wurde, die seit Beginn des jugoslawischen Bürgerkriegs »trigger-happy« (»kriegsgeil«) zu sein schien (so Joseph Fitchett in der *International Herald Tribune*), fand Joseph Martin seine neue Übermutter. Als der Sozialdemokrat und damalige Bundeskanzler Gerhard Schröder am 24. März 1999 im Fernsehen mit pathetischer Stimme verlas, dass die NATO mit Luftschlägen gegen militärische Ziele in Jugoslawien begonnen hätte, war das unter anderem das Ergebnis einer verlogenen Außenpolitik. Er führte weiter aus: »Wir führen keinen Krieg, aber wir sind aufgerufen, eine friedliche Lösung im Kosovo auch mit militärischen Mitteln durchzusetzen.« Gegen Schläge als erzieherisches Mittel hatte Fischer ja nie etwas einzuwenden. So verabredete er mit seinen Komplizen in den NATO-Außenministerien, Feuer, Eisen und Uran vom jugoslawischen Himmel regnen zu lassen. Menschenrechtsbomben, wie man der amerikanischen und europäischen Öffentlichkeit erklärte.

Neun Jahre später proklamierte der Kosovo seine Unabhängigkeit.

Schon in den ersten Angriffswellen schossen auch deutsche Tornados mit Radar-gelenkten HARM-Raketen die jugoslawische Luftabwehr nieder. Nicht immer trafen die Projektile ihre militärischen Ziele, sie zerstörten auch zivile Einrichtungen und töteten Zivilbevölkerung. Die menschenverachtende Logik: Bomben und Raketen sollten das Leben der Kosovo-Albaner vor den Serben schützen. Doch allein Pristina, Kosovos Hauptstadt, wurde 280 Mal mit Bomben und Raketen angegriffen. Zwischen der Abstimmung im Deutschen Bundestag am 16. Oktober 1998 bis zum Kriegsbeginn gab es keinen Tag, der diesen 78-tägigen Bombenkrieg gerechtfertigt hätte.

Von den Zerstörungen und der durch die Bombardierung ausgelösten Fluchtbewegung erfuhr die deutsche Öffentlichkeit aufgrund einer überwiegend regierungskonformen Berichterstattung nichts. Allein im ersten Kriegsmonat flohen 600 000 Menschen, weitaus mehr als in den Monaten zuvor. Zum Kriegsende waren es 800 000 Albaner, Serben und Roma. Im Hinterland wurden 60 Brücken, 19 Bahnhöfe, 13 Flughäfen, 480 Schulobjekte, 110 Krankenhäuser und Infrastruktureinrichtungen in Schutt und Asche gelegt. Durch Splitterbomben und Raketen töteten die Angreifer über 1 000 Soldaten und 2101 unschuldige Zivilisten. Mehr als 10 000 Menschen wurden verletzt. Ein krasser Bruch des humanitären Völkerrechts. Viele der Opfer leiden noch heute körperlich und seelisch unter den Kriegsfolgen. Warum mussten so viele unschuldige Menschen durch die »Nothelfer« sterben? Die Komplizen hatten unterschiedliche Motive: Nach der Auflösung des Warschauer Paktes brauchte die NATO ein neues Arbeitsfeld. Das wollten alle. Und die Russen schwächen. In den USA kämpfte Präsident Clinton gegen die Amtsenthebung wegen Meineides. Ein Themenwechsel war nötig. Die deutschen Beamten im Außenministerium gierten seit der Wiedervereinigung nach einer eigenständigen Rolle in der Weltpolitik, und ihr Amtsvorsteher Fischer wollte wie die Atommächte England und Frankreich in den Weltsicherheitsrat. Dafür brauchte er die USA.

Der WDR-Journalist Joachim Angerer, einer der Autoren der ARD-Dokumentation »Es begann mit einer Lüge«, in der das kriegsauslösende Massaker von Racak als Inszenierung entlarvt wurde, schrieb: »Deutsche Politiker haben sich der Falschinformation und Lüge bedient, um die Beteiligung der Bundeswehr am Bombardement in Jugoslawien zu legitimieren.« Der vom damaligen Außenminister Fischer forcierte Krieg gegen Jugoslawien erschütterte das Vertrauen in den Rechtsstaat Bundesrepublik Deutschland. Ihre politische Führung hatte einen dreifach Rechtsbruch zu verantworten: den Bruch des Völkerrechts, des Internationalen Vertragsrechts und des Verfassungsrechts. Auch andere gesellschaftliche Kontrollinstanzen wie Parlament, Justiz, Medien und Intellektuelle fielen aus; auch sie waren Opfer der Lügen.

Die Außenpolitik des Totalversagers Fischer hat bis heute verheerende Folgen. Nicht nur, dass er die dilettantische Krisenpolitik des Auswärtigen Amts in den Dienst einer zielstrebigen Kriegsvorbereitung stellte, führte der Überfall auf ein kleines Land nicht nur in den sogenannten Schurkenstaaten Nordkorea und Iran, sondern auch in anderen Nationen wie Japan und Thailand zum Aufleben einer Diskussion, die in der Forderung nach eigenen Atomwaffen mündete. Eine fatale Weltentwicklung, die US-Präsident Obama in Zusammenarbeit mit Russland jetzt zu stoppen versucht.

Joseph Fischer hat Deutschland auch gegen den Willen eines Großteils seiner Partei in zwei Kriege manövriert. Deshalb nannte ihn Rudolf Augstein in zornigen *Spiegel*-Kommentaren einen »Wendehals«, »Schuft« und »Zerstörer«. Muss man ihm nicht nachrufen: »Mit Verlaub, Herr Außenminister a. D., Sie sind ein Arschloch.« Doch das wäre zu billig.

Die meisten Medien wurden nie müde, die Wandlung vom Häuserkämpfer und Bürgerschreck zum seriösen Außenminister im schicken Dreiteiler zu beschreiben. Schließlich glaubte man es.

Als moderner Funktionär erfüllte Fischer immer nur die Bedürfnisse der Gruppe, zu der er gehören wollte. Solange blieb er loyal, hatte aber immer das nächste Ziel vor Augen. War das erreicht, ging es mit der Treue zu Ende. Diese Polit-Condotieri kennen weder Prinzipien noch feste Bindungen. Der Buch-Autor Michael Schwelien meint: »Vor dem Kosovo-Krieg hat er sich in sklavischer Weise den Amerikanern untergeordnet, nur um an das Ministerium zu kommen.« Das war es allein nicht. Der kleine Wicht hatte Höheres im Sinn: Er wollte mit den Großen zwischen den Nationen dieser Welt den Ton angeben. – Wie alle Süchtigen verlieren auch die Mächtigen sehr schnell den Blick für die Realität. Er war ein aufgeblasener Selbstinszenierer und »inhaltsloser Staatsschauspieler«, wie ihn der Autor Hans-Ulrich Jörges nannte, der nie im Interesse seines Landes handelte. Sein Trick: Bei der Flucht nach oben sich immer jener Gruppe, die ihn trug, dienstbar zu machen und anzupassen. Solche Typen sind auch ein Krankheitssymptom der narzisstischen Gesellschaft. Vorsicht! Die identitätslose Bundesrepublik Deutschland begünstigt den Aufstieg der skrupellosen Event-Politiker.

Mathias Wedel
Lebt eigentlich Joachim Gauck noch?

Ja, er lebt noch. Aber es ist schon richtig, immer mal wieder nachzufragen. Wäre er, Gott behüte!, abberufen worden – in seinen Kreisen macht man nicht den Allerwertesten hoch, sondern wird »abberufen« –, die Stimme eines eindringlichen Mahners vor den Gefahren für Demokratie und Freiheit würde fehlen. Kürzlich ist er mal wieder aufgetreten, zu einer »Berliner Freiheitsrede« engagiert vom Westerwelle-Clan (anschließend Krabbenbüfett).

Wovor hat er diesmal gewarnt? Natürlich davor, dass die Ostdeutschen noch immer eine tickende Bombe sind, sich jederzeit zu Kampfgruppen oder SA-Verbänden zusammenschließen könnten. Das gilt immer. Aber er hat auch eine akute Gefahr ausgemacht (wahrscheinlich, weil das sein Honorar erhöht): den Konsumenten! Der ist gefährlicher als Zeckenbiss, Gewitter unter Eichen, Sauerlandterroristen und Kommunisten.

Bisher dachten wir, dass Konsum etwas halbwegs Anständiges sei und auch in seiner übertriebenen Ausprägung (fünf Liter O-Saft täglich, eine mittelalterliche Burg in Liechtenstein usw.) eine Privatangelegenheit darstellt. Mehr noch: Wir lernten, dass Konsum der menschlichen Gemeinschaft guttut, weil sie sonst unter den Halden an Kleinwagen und unter Butterbergen begraben wird, sich mit Handys totschlägt oder in Milchseen ersäuft. Weshalb sich auch Angela Merkel rührend um die Konsumenten sorgt.

Da muss erst einer kommen und uns die Augen aufreißen! Gauck definiert die Konsumenten so: »Sie gehen nicht wählen, sie wählen Turnschuhsorten und Handtaschen. Sie leben in selbstgewählter Ohnmacht. Ohne Diktator, aber mit Ketten, und manche sind aus Gold.« Von Konsumenten, meint Gauck, gehe mehr Gefahr aus als von Neonazis. Und sie lauern überall!

Das Einfachste wäre nun, Nichtwähler mit Handtaschen und in Turnschuhen verschiedener Sorten von der Straße weg zu verhaften und aus ihren Wohnungen zu holen. Goldkettchenträger sind gleich zu füsilieren. Verdächtig sind zudem Menschen, die selbstgewählt mehr als zehn Minuten ohnmächtig sind und nur auf Anweisung von Streifenpolizisten wieder einatmen.

Aber es darf natürlich nicht zu Lynchjustiz kommen, auch wenn die Gefahr für die Demokratie eminent ist! Wir brauchen also eine Bundesbehörde, die Konsumenten aus dem öffentlichen Dienst, aus den Universitäten und Fernsehsendern und aus den Fahrerständen von Lokomotiven entfernt, ihnen die Renten kürzt und sie der *BILD*-Zeitung zur Schlachtung frei Haus liefert. Doch wer könnte die leiten?

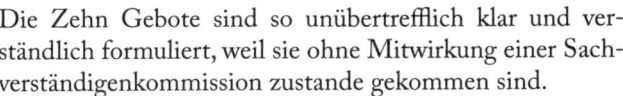

Die Zehn Gebote sind so unübertrefflich klar und verständlich formuliert, weil sie ohne Mitwirkung einer Sachverständigenkommission zustande gekommen sind.

Peter Köhler

Blechtrommeln pflastern seinen Weg
Günter Grass

Er ist der beste Koch unter den Schriftstellern und der beste Schriftsteller unter den bildenden Künstlern. Mehr noch: Er ist der bekannteste Pfeifenraucher unter den deutschsprachigen Intellektuellen und der einzige deutschsprachige Intellektuelle im ganzen Universum, den es unter dem Namen Günter Grass gibt: Günter Grass.

Großartiger, ja grassartiger Verfasser von ungefähr 180 Romanen in 300 Millionen Milliarden Exemplaren, die übereinandergestapelt bis an die Eier Gottes reichen; herrlicher Urheber von Myriaden Zeichnungen, Grafiken und Bildhauereien, dass tausend Augen für einen Menschen nicht auslangen, um sie in einem einzigen Leben zu betrachten; und ein kolossales Sprachrohr, in dessen Dachstübchen sich das Gewissen Deutschlands zusammenrollt und dem alle Medien ihre Ohren öffnen, wenn sich sein Mund hinter der Pfeife bewegt: Ja, wenn Voltaire heute Émile Zola wäre, hieße er Günter Grass!

Würde Homer heute leben, er stürbe vor Neid auf Günter Grass, den größten lebenden Universalkünstler seit fünfzehn Milliarden Jahren, vor dem Leonardo da Vinci wie ein Anfänger in Kinderschuhen wirkt. Grass allein sorgt dafür, dass es jeden Morgen hell auf Erden wird, auf dass die Bücher, Bilder und Plastiken von Günter Grass fett im Lichte glänzen. Er allein, vor dessen vollkommenen Werken selbst der mächtigste Weltenschöpfer abstinkt, bewirkt mit der grenzenlosen Kraft seines übersprudelnden Genius, dass der Kosmos sich ausdehnt, um Platz für die zahllosen und immer zahlloseren Werke von Günter Grass zu schaffen. Er und nur er, als engagierter Bürger und kritischer Citoyen das unerreichte Ideal von Willy Mandela und Mahatma Brandt, weist mit mutig ausgestrecktem Wort auf nackte Missstände und auf die Eiterbeulen der Gesellschaft, wohl wissend, dass er ein Sisyphos ist, der auf der Schnecke des Fortschritts unverdrossen bergauf galoppiert und jedes Mal mit einem langen Buch, einer breiten Skulptur oder einer dicken Rede wieder zu Tale knattert.

Doch so umdampft von der Glorie des Ruhms er heute ist: Selbst für Günter Grass fielen die Trauben nicht vom Himmel. Hart hatte er zu arbeiten, bis der Weg freigeschossen war! Thomas Mann – der einen großen Roman über einen kleinen Dreijährigen plante, der mit einer Blechtrommel allen Lesern auf die Nerven haut – pustete er 1955 das Licht aus; Bertolt Brecht, dessen Verse »Hinter der Blechtrommel her / Trotten die Kälber / Das Blech für die Blechtrommel / Liefern sie selber« ihm schwer gegen die Hutschnur gingen, sprengte er 1956 weg; seinem Vater im Geiste, Alfred Döblin, drehte er 1957 die Luft ab. Den Besten der nachrückenden Generation erging es nicht anders: Arno Schmidt wurde in seinem Bargfelder Arbeitszimmer von einem präparierten Sechzehntonnengewicht zerquetscht, Heinrich Böll bei einem Besuch in Köln mit einem vergifteten Händedruck um die Ecke gebracht, Friedrich Dürrenmatt in Salzsäure aufgelöst, Max Frisch einfach verspeist – der Meisterkoch Grass lässt grüßen.

Je weniger Arme und Beine die Konkurrenz hatte, desto flotter kam Grass voran. Buch nach Buch sprang seit den 50er Jahren von seinem Schreibtisch: zuerst »Es waren Kaschuben in der Luft«, »Haus ohne Günter«, »Grass und Maus«, dann »Die Blechstunde« – verfilmt als »Blechtrommeln pflastern seinen Weg« – und »Das Essen in Telgte«. Daneben rollte Bild um Bild aus seiner Werkstatt, die bekanntesten: »Die Kreidefelsen von Danzig«, »Der Butt mit dem Goldhelm«.

Vor allem »Butt« und »Blechtrommel« ziehen sich wie ein rotes Buch durch Grassens immer breiter aufgetürmtes Lebenswerk. Er brachte die LP »Sergeant Pepper's Lonely Hearts Butt Band« heraus und schrieb das Drehbuch zu »Spiel mir das Lied vom Butt«. Er komponierte den Schlager »Ein fester Butt ist unser Grass« und erregte Aufsehen auf der Dokumenta mit der fast schon aufsehenerregenden Installation »Blitzschlag mit Lichtschein auf Butt«. Er vervollkommnete die Bibel durch »Das Buch Oskar«, schrieb das Libretto für »Die Dreioskaroper« und verbesserte Wilhelm Buschs Kinderklassiker unter dem Titel »Max und Moritz Matzerath« (mit ungereimten Radierungen).

Apropos Kinder: Der hohe Patriarch einer weitverstrickten Familie, das bleibe hier nicht unter dem Tisch, besitzt acht Stück davon, die er mehreren Frauen verdankt. Nicht unerwähnt bleibe vor den Glubschaugen der Öffentlichkeit, dass er schon in seiner Jugend scharenweise die Madonnas rumkriegte und auf die Matratzas legte, wie er in seiner Autobiografie »Beim Schäumen des Schniedels« berichtet.

Erst aus seiner Autobiografie erfuhr der alte Racker und Knaller auch, dass er in der Waffen-SS war. Der Öffentlichkeit fielen vor Schreck die Haare aus, war Grass doch seit den 6oer Jahren, als seine literarische Fantasie ausgeleiert war, plakativ mit der SPD gerudert und hatte den aufklärerischen Intellektuellen gegeben, der sich von Kopf bis Fuß – damals noch mehr als 1,40 Meter – für eine andere, bessere, viel grassmäßigere Bundesrepublik einsetzte; 1986 war er sogar nach Kalkutta gehopst, um den Vater Teresa zu geben und sich das Elend der Benachteiligten, Gedeckelten und Zerkrumpelten auf der Zunge zergehen zu lassen.

Die Aufregung legte sich bald. Zu Grass' Ehre stellte sich heraus, dass er stets treu war: Er war staatstragend bis auf die braunen Knochen als Nazi-Pimpf- und nach kurzem Zögern von '45 bis '49, als er nicht wusste, wohin der Wind wehen wird-, staatstragend als roter Sozi-Schlumpf. Als dauerhafte Mahnung zur Erinnerung und ständige Warnung vor dem Vergessen möge das allen Nachgeborenen in der Birne haften bleiben.

Was bleibt auch sonst? Die Person nicht, die ist schon über 80 und inzwischen so eingedampft, dass Grass achtgeben muss, dass bei seinen öffentlichen Auftritten, Empfängen und Geburtstagsfeiern niemand auf ihn drauftritt. Die Liste seiner Auszeichnungen wiederum – 1994 z. B. der Ehrendoktor der Universität Complutense-Bullerbü – ist zwar so lang, dass man sie mehrfach um die Erde wickeln könnte; doch zu Lebzeiten verliehene Preise saufen am Ende mit ihren Besitzern ab.

Grass versucht zwar, die verstreichende Zeit anzuhalten, setzte Lübeck ein Günter-Grass-Haus mitten ins Gesicht und ließ in Bremen eine Günter-Grass-Stiftung aus dem Ei hüpfen, die sich bis in ferne Äonen der wissenschaftlichen Erforschung von Günter Grass zu widmen hat. Aber werden streng philologisch zurechtgebaute Monografien über »Geschichte, Geschichtlichkeit und Historizität bei Günter Grass. Fünftausend Thesen zur Abgrenzung seines frühen Spätwerks vom späten Frühwerk« sein Schaffen wirklich davor bewahren, in den Eimer gekippt zu werden? Er selbst nannte es doch schon 1968 in einem hellen Moment »örtlich verstaubt«!

Grass selbst müht sich, dem Fluss des Verschwindens entgegenzutreten, und versucht seit einigen Jahren, sich einfacher gebauten Leuten ins Gedächtnis zu bohren, indem er Stellungnahmen zu jedem Pofel absondert, z. B.: »Wider den Abstieg aus der Zweiten Bundesliga« (Ansprache im Lübecker Stadion Buniamshof 2003 vor der Begegnung VfB Lübeck-SSV Reutlingen), oder: »Bürgersinn braucht breite Wege!« (Rede in der Fußgängerzone Neuwied, 31.4.2006), bzw.: »Zunge zeigen. Lobrede auf die Ärzteschaft« (Grußwort zum Jahrestag der Ambulanten Autorenklinik Quakenbrück, 2009). Grass kann nicht anders, er muss seinen Schnabel aufklappen und auf jedem Feld ein Ruhmesblatt erwerben, denn sein Ehrgeiz ist weit größer als er selber. Eines hat er damit erreicht: Er ist der beste Günter-Grass-Darsteller aller Zeiten und schafft es bis heute, sich dem Publikum immer wieder vor die Augen zu schieben – wenn auch am Ende ohne Erfolg.

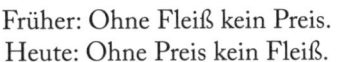

Früher: Ohne Fleiß kein Preis.
Heute: Ohne Preis kein Fleiß.

Paul Schabacker

Der Hochwohlgeborene
Karl-Theodor zu Guttenberg

Es gibt eine Anekdote, die schon vor 2000 Jahren das Licht der Literatur erblickte und sich seither durch alle Sammlungen frisst. Sie handelt von Kaiser Augustus, dem eines Tages in der dicksten Provinz ein Mann begegnete, der ihm wie eine Krähe der anderen glich. Heute ist es der Anfang 2009 vom Stapel gelaufene Bundesminister von und zu Guttenberg, dem die alte Geschichte in die Schuhe geschoben wird. Danach traf der Minister bei irgendeinem sektgeschwängerten Empfang den Fußballer Lothar Matthäus, der wie er aus Franken herrührt, und – erbleichte, wenn er nicht gar erblich. Der Freiherr vermeinte, in einen Spiegel aus Fleisch und Blut zu sehen. Schnell aber fasste sich Seine Erlaucht und stellte dem Sportler die spitze Frage: »Sag Er, seine Mutter war wohl einmal auf unserem Schlosse tätig?« »Nein«, erwiderte der Gefragte, »mein Vater!«

Selbstredend ist das nur eine – im Grunde längst altersmüde – Anekdote, die stets aus dem Schrank geholt wird, wenn es eine frappante Ähnlichkeit zwischen einer bedeutenden Persönlichkeit und irgendeinem Politiker zu erklären gilt. Jede Spekulation über eine bereits vor der Wiege angelegte Verwandtschaft der beiden, auch wenn sie wie voneinander abgepaust aussehen, ist reine Spekulation. Tatsächlich dürften Karl-Theodor Maria Nikolaus Johann Jacob Philipp Franz Joseph Olmbapf Sylvester Freiherr von und zu Guttenberg, so der mehr als volle Name, und Lothar Herbert Eusebius Karl Theodor Camilla Franz Joseph Olmbapf Sylvester Matthäus nichts miteinander zu tun haben. Ihre einzige Gemeinsamkeit, neben den gleichgestimmten Gesichtern, ist, dass man ihre Namen schön durch den Kakao schleifen kann.

Sonst aber trennt seine Welt aus blauem Blut den hochwohlgeborenen Minister von dem einfach geborenen Fußballspieler, dessen Vorfahren schon bei den Großeltern in der Sackgasse enden. Wie anders von und zu Guttenberg, dessen Ahnen bereits vor 850 Jahren, im tiefsten 12. Jahrhundert, auf der Burg Guttenberg nahe Kulmbach dingfest waren! In jener blühenden Zeit durften die hohen Herren ihre Untertanen noch zum Mittagessen verspeisen.

Aber auch heute hat sich die Liebe der schlicht gebauten Bevölkerung zum angestammten Herrscherhause gehalten. Mit einer Mischung aus Neid und noch mehr Neid blicken sie von unten empor zu dem edel geschneiderten Leben der Guttenbergs und staunen sich die Augen aus dem Leib, wenn sich der Freiherr mit seiner Gemahlin Stephanie Gräfin von Bismarck-Schönhausen frisch gebürstet dem Volke zeigt. Lothar Matthäus' Frau dagegen heißt ganz anders.

Ganz anders auch das Auftreten des stets fein gewickelten Freiherrn. Gewiss gibt sich Lothar Matthäus Mühe, wenn er sich vor der Öffentlichkeit aufbauen muss. Aber ein im eigenen Schweiß lebender Fußballer riecht immer aus dem Anzug. Dagegen von und zu Guttenberg! Er scheint bereits im Zwirn zur Welt gekommen zu sein. Wenn er sich morgens von der Gattin erhebt und in seinen Beruf strebt, muss er nurmehr sein minutiös nach hinten gekipptes Haar polieren, sein aus aufrechtem Marmor gebackenes Gebiss bohnern und seine von den vornehmsten Tieren des Waldes abstammenden Wildlederschuhe anziehen, die an keiner Stelle quietschen.

Ob der Freiherr die nackten oder bedeckten Füße jemals an einen Ball hielt, ist nicht bekannt. Ebenso zweifelhaft ist, ob er jemals einen Arbeitsplatz betreten hat.

Sicher ist lediglich, dass von und zu Guttenberg bei den Mittenwalder Gebirgsjägern seinen Wehrdienst auf goldenen Skiern abrollte und es bis zum Unteroffizier von und zur Reserve brachte, woraufhin er an der schönen Universität Bayreuth, die sich in der gleichnamigen Stadt befindet, eine Juradissertation summa cum und zum laude zurechtsägte sowie in der mit 600 Millionen ausgefütterten Vermögensverwaltung der im Familienbesitz befindlichen Familie sich umtat.

Damit hätte von und zu Guttenberg den Deckel bereits zumachen können. Doch nein! Um sein Dasein etwas aufzublasen, beschloss er, Politiker zu werden; weil er mit vollem Portemonnaie an der gewohnten Ordnung hängt, natürlich im schwarzen Namen der CSU. 2002 trabte er für sie in den Bundestag, was freilich außer ihm kaum ein öffentliches Auge bemerkte. Dann aber knallte der Korken in seinem Leben: Erst wurde er im November 2008 Generalsekretär seiner verrückten Partei, dann ernannte ihn

Horst Seehofer im Februar 2009 sogar vom und zum Bundeswirtschaftsminister.

Anders als Michael Glos, der leere Luft verbreitete, führte der schnell in Gang gebrachte Minister von und zu Guttenberg keine stumme Lippe, sondern ließ überall seinen Schnabel leuchten. Mehr, als durch die Welt zu hopsen und mit wohlgeformten Worten um sich zu werfen, konnte er allerdings nicht tun. Im Oktober 2009 räumte er deshalb das alberne Wirtschaftsministerium, marschierte in vorbildlich gewichster Haltung in den Bendlerblock, nahm in einem Überraschungsangriff den Stuhl des Verteidigungsministers ein und besetzte ihn von und zu mit seinem unteren Rücken.

Seine Aufgabe in den vier Jahren, die nun vor ihm anzutreten haben, ist es, den Globus zu entspannen, die Menschheit zu befrieden und in Afghanistan das Morden in vernünftige Bahnen zu lenken. Vielleicht könnte er sogar, um dem Hindukusch seinen guten Aufbauwillen unter die Nase zu reiben, mitten in Kabul ein milliardenfettes Benefizspiel aufs Tapet bringen. Jemand in der weiteren Familie, so weiß die Anekdote mit gespaltener Zunge, könnte das für ihn ankurbeln.

Dagmar Enkelmann

Mehdorns Pudel

Norbert Hansen

Als die Deutsche Bahn Anfang 2008 die Fahrt an die Börse beschleunigte, mussten auch die letzten Bremser überzeugt werden. Also bekam ich Ende Januar des Jahres ein Schreiben etwa des Inhalts: »Kollege Hansen« habe angeregt, mit mir und der damaligen Obfrau der LINKEN im Verkehrsausschuss, Dorothée Menzner, ein Gespräch über das Thema »Teilkapitalprivatisierung« der Deutschen Bahn AG zu terminieren.

»Kollege Hansen« – das war der damalige Vorsitzende der größten Bahngewerkschaft Transnet. Bis dato hatte er es nicht für nötig gehalten, persönlich den Kontakt zur viertgrößten Fraktion im Bundestag zu suchen. Warum auch? Die Position der LINKEN war klar: keine, auch keine Teilprivatisierung der Bahn.

Noch im Jahr 2000 war Hansen – zumindest offiziell – derselben Ansicht gewesen. Auf dem Transnet-Gewerkschaftstag in Magdeburg hatte er gegen die Börsenpläne des Bahnchefs Mehdorn gewettert. Etwa drei Jahre darauf, so werden später Hansens Kollegen aus der Gewerkschaftszentrale bilanzieren, sei ihr Boss auf Mehdorn-Kurs gegangen. Das willkommene Argument dazu: Wenn die Gewerkschafter nicht bei der Privatisierung des Ganzen mitmachten, werde die ganze Bahn zerschlagen.

So warb Hansen auch beim Treffen mit der LINKEN weitschweifig für den Börsengang – sofern die Bedingungen der Gewerkschaft erfüllt würden. Andernfalls gebe es für Transnet aber auch einen Plan B: vollständige Ablehnung der Privatisierung.

Nur sah der Plan B, jedenfalls was Norbert Hansen betraf, in Wirklichkeit ganz anders aus. Im Mai 2008 – kurz vor der Bahn-Entscheidung im Bundestag – wechselte der Gewerkschaftsboss nicht nur den Arbeitgeber, sondern schlichtweg die Seiten. Vom Interessenvertreter der Bahnbeschäftigten wurde er zum Interessenvertreter des Konzerns, vom Paulus zum Saulus – oder wie seine Ex-Kollegen drastisch sagten: zu »Mehdorns Pudel«.

Mit dem Wechsel stürzte Hansen die Gewerkschaft endgültig in die Krise. Schon zuvor hatte er sich in Tarifauseinandersetzungen nicht gerade mit Ruhm bekleckert. Wäre da nicht die kleine, feine, aber gar nicht so arbeitgeberfreundliche Lokführergewerkschaft gewesen, hätten sich die von Hansen vertretenen Beschäftigten sehr verraten gefühlt.

Noch bevor er bei der Bahn anfing, gab er exklusiv via *BILD* die neue Linie vor: »Wir werden bei der Bahn weiter rationalisieren müssen. Und das wird in einigen Bereichen nicht ohne Personalabbau gehen.« Eine Frage weiter. »Die Große Koalition hat beschlossen, höchstens 24,9 Prozent der Bahn an die Börse zu bringen. Ist das auch für Sie das letzte Wort?«, ließ Hansen die Katze aus dem Sack: »Nein … Die Obergrenze für eine Privatisierung liegt für mich bei 49,9 Prozent.«

Klar: Wes Brot ich ess, des Lied ich sing! Als Arbeitsdirektor der DB AG habe er, Hansen, sich übrigens vorgenommen, die »Effizienz der Mitarbeiter« zu steigern. Ein Lokführer könnte doch eben mal, quasi in seiner Freizeit, die Wagen reinigen. Oder die Fahrkartenverkäuferin, so es sie überhaupt noch gibt, macht nebenbei die Zugansagen, und der Schaffner kellnert im Bistro, wenn er nicht gerade die Fahrgäste nervt oder die Klos putzt.

Später schob Hansen in der *Welt am Sonntag* – ganz Unternehmer nun – die Begründung nach: »Bei den Konkurrenzunternehmen werden Mitarbeiter häufiger als bei uns für unterschiedliche Tätigkeiten eingesetzt. Der Wettbewerb läuft eben auch über die Personalkosten.«

Das also war nun des Pudels Kern. Im September 2008 eskalierte der Konflikt zwischen dem Arbeitsdirektor und seiner Ex-Gewerkschaft weiter. Während Transnet klarstellte: Es werde im Regionalverkehr keine Billigtöchter geben, beharrte Direktor Hansen darauf, 30 solcher Gesellschaften zu gründen. An die Gewerkschaften richtete er die Kampfansage: Entweder mit ihnen oder ohne sie …

So weit kann jemand kommen, der zwar selbst einmal Fahrkarten verkauft hat, aber schon mit 22 Jahren Personalratsvorsitzender und mit 23 freigestellter Betriebsrat war. Als Arbeitsdirektor mit bis zu 1,4 Millionen Euro jährlichem Einkommen schaut man dann endgültig von oben auf die Welt herab und sieht nur persönliche Animositäten. Es habe einige gegeben, verriet er der *Welt am Sonntag*, »die die Absicht der Teilprivatisierung und meinen zeitgleichen Wechsel in den Vorstand der Bahn bewusst in einen

Zusammenhang gebracht und daraus die Verratslegende konstruiert haben«.

Ironie der Geschichte: Gerade die Welt der Börsen und Banken, auf die auch Hansen setzte, ließ ihn im Stich, als er sich am Ziel aller Wünsche wähnte. Es war die Finanzkrise, die dann das Haltesignal auf Stopp für den Börsengang der Bahn setzte. Diese erlebte inzwischen eine wahre Berg-und-Tal-Fahrt mit viel Auf und Ab, eigentlich mehr Ab, und ein wirklicher Gewinn wäre im Geschäft mit der Bahn nicht mehr zu erreichen gewesen.

Mit dem Börsengang brach auch das System Mehdorn, das Hansen nach oben gespült hatte, zusammen. Sein Vorstandsposten blieb ein kurzes, einjähriges Gastspiel. Der neue Bahnchef Grube räumte ziemlich radikal auf und um. Alles, was politisch motiviert, weil mit dem richtigen Parteibuch und damit auch mit der erhofften Connection, von Mehdorn in den Konzern geholt worden war, musste den Schreibtisch räumen. Auch Hansen. Bei ihm hieß es offiziell: gesundheitsbedingt und damit auch ohne Abfindung.

Einerseits gibt es immer weniger Geld für immer mehr Leute, andererseits immer mehr Geld für immer weniger Leute.

Ernst Röhl
Der vorbestrafte Reformer Dr. honoris causa, Peter Hartz

Mozarts Weltruhm begann nicht mit der »Zauberflöte«, sondern erst, als die Mozartkugel ihren Triumphzug durch die Süßwarenläden antrat. Bei Goethe war es das gleichnamige Institut, bei Schiller die Locke, bei Bismarck der Hering, bei Diesel der Motor, bei Benz das Benzin, bei Duden der Duden und bei Röntgen das Röntgen. Sie alle bereichern den deutschen Wortschatz mit ihren ehrlichen Namen. Joachim Gauck gelang es gar, seinen Namen unter den Verben zu platzieren. Künftig wird, solange der Dämon Stasi nicht besiegt ist, das Wort »gaucken« im Gedächtnis der Presse fortleben und seinen Rang gegen die Vokabel »birthlern« behaupten müssen. Das Verb »hartzen« macht gleichfalls eine tolle Karriere. Sobald der Name Hartz fällt, fangen die Mütter an zu weinen, die Kinder verstecken ihre Sparschweinchen, und nicht mal der zutraulichste Deutsche würde diesem Reformer mehr einen Gebrauchtwagen abkaufen. Darum hieße Peter Hartz, wenn's nach Peter Hartz ginge, längst viel lieber Peter Kokoschinski.

»Peter Hartz hat sich unmöglich gemacht«, klagt Philipp Mißfelder (CDU). »Bei diesem Namen denkt man doch bloß noch an Rotlicht und Bestechung«, so Irmingard Schewe-Gerigk (Grüne). »Hartz IV«, raunt es in der SPD-Spitze, »braucht einen neuen Namen, der Begriff ist diskriminierend.« Peter Struck – der Mann, der Deutschland am Hindukusch verteidigte – macht einen Vorschlag zur Güte: »Wir sollten die Reform nach einem Unschuldigen benennen!« Nanu! Haben denn Unschuldige an der »Reform« überhaupt mitgewirkt?

Alles begann mit Gerhard Schröder. Der Gerd war nicht nur der chromblitzende Autokanzler, sondern vor allem der Genosse der Bosse, und seine Bosse schickten ihn, in der Hoffnung auf noch höhere Maximalprofite, als Postboten los. Er sollte dem deutschen Volk das mit viel Liebe geschnürte Reformpaket zustellen. Für solche Sauereien ist der Gerd geeignet wie kein Zweiter. Noch heute behauptet er, er wäre ein Linker, und zwar ein Linker, der es wagt, mit dem Volke zu rechten, mit anderen Worten: genau der rechte Mann, das Volk zu linken.

Armut per Gesetz! Nichts Geringeres schwebte ihm vor. Das schaff' ich, versprach er, allerdings nicht ohne meinen Peter. Peter Hartz war damals Personalvorstand bei Volkswagen in Wolfsburg, ein sonnengebräunter Gentleman im Silberhaar, Vertrauen bildendes Lächeln, randlose Brille, eleganter Zwirn, Charisma, der Traum aller Mittelklasse-Witwen.

Das Arbeitgeberlager gab dem Kanzler grünes Licht, und der betraute seinen Freund Peter mit der Leitung der »Kommission zum Abbau der Arbeitslosigkeit«. Nach der Formel »Fördern und fordern« legte der Peter auch gleich los und versprach im Reformrausch neue Arbeitsplätze bis zum Abwinken. Er allein kannte den Weg zum Erfolg. Wer ein Schiff bauen wolle, sprach er, müsse nicht Holz sammeln, sondern des Menschen Sehnsucht nach dem Meer wecken.

Und wer Sehnsucht nach dem Arbeitslosengeld II hatte, musste unverzüglich einen 16 Seiten starken Fragebogen ausfüllen, den sogar die Stasi als zu indiskret verworfen hätte: Haben Sie oder die mit Ihnen im Haushalt lebenden Angehörigen Einnahmen aus Steueroasen, Immobilien wie Datschen und Hundehütten, Fahrzeuge wie Bollerwagen und Rollatoren, Vermögen wie neusilberne Löffel und Zweitkugelschreiber, Gemälde wie die Mona Lisa oder den Mann mit dem Goldhelm? Jedes Bratkartoffelverhältnis musste offenbart werden, jeder sogenannte One-Night-Stand, auch Impotenz und Hämorrhoiden … »Falsche Angaben können als Ordnungswidrigkeit oder gar als Straftat mit Gefängnis bis zu drei Jahren geahndet werden.«

Der Name Peter Hartz stand kurz vor der Eintragung ins Goldene Buch der Guten Taten. Massenhaft entstanden neue Jobs! Allerdings nicht fürs brachliegende Humankapital, sondern bei den überforderten Sozialgerichten. Dort stieg die Zahl der Widerspruchsklagen gegen ALG-II-Bescheide entschieden schneller als die neue Armut. Hurtig wurden Tausende Juristen neu eingestellt, die sich zu neuen Senaten formierten, um der Klageflut vielleicht einigermaßen Herr zu werden. Mit anderen Worten: Die neuen Jobs entstanden nicht in der Wirtschaft, sondern in der Justiz. Insofern ist Hartz IV besser als sein Ruf.

Wie sich bald herausstellte, hatte Peter Hartz überhaupt gute Karten bei der Justiz; denn der Staatsanwalt legte ihm wegen

Untreue insgesamt 44 Straftaten zur Last. Gegenstand der Anklage waren sogenannte Sonderbonuszahlungen von zweieinhalb Millionen Euro, Schmiergelder, die der Angeklagte illegal für seinen arbeitgebernahen, vitalen Betriebsratschef ausgegeben hatte, auch Puffhonorare für brasilianische Sambanutten, sogar die Ausgaben für Viagra erstattete die Kasse des Volkswagenkonzerns.

Die frisch geharzten Arbeitslosen übrigens benahmen sich während der Hartz-Affäre blamabel. Wochenlang musste schwer bewaffnete Polizei das Eigenheim des gestrauchelten Reformers bewachen. »Er wird mit Schmähbriefen und Morddrohungen bombardiert«, klagte die *SUPER-illu*. »Hartz IV hat das Leben von Peter Hartz total verändert.« Da geht's den Menschen wie den Leuten ... Am Tag der Hauptverhandlung versammelten sich Sozialschmarotzer und Klassenkämpfer sogar vor dem Braunschweiger Landgericht und skandierten Injurien wie »Sambanuttenmanager!« und »Arbeiterverräter!«

Diesem blinden Hass mochte das Gericht sich nicht anschließen. Die mögliche Höchststrafe für so viel Untreue hätte bei zehn Jahren Gefängnis gelegen, doch die Richter gewährten dem Angeklagten mildernde Umstände: Erstens war er nicht vorbestraft. Zweitens war er in seiner Jugend Messdiener gewesen. Drittens war er der Erfinder kreativer Sprechblasen wie »Ich-AG« und »Job-Floater«. Darum sagten sich die Richter: Zwei Jahre sind genug, natürlich mit Bewährung, zuzüglich 500 000 Euro Geldstrafe. Dieses Urteil im Namen des Volkswagenkonzerns, sagten sich die Richter, wird ihm eine Lehre sein. Ein rechtsstaatliches Urteil, das umso wertvoller ist, als es nicht vor den Schranken, sondern hinter den Kulissen des Gerichts ausgekungelt worden ist.

Übrigens ... Wegen seiner kriminellen Arbeitsmarktreformen hat die Staatsanwaltschaft weder Peter Hartz noch den Bastakanzler Schröder angeklagt. Darüber staunt der Fachmann nicht. Nur der Laie wundert sich.

Hansjörg Utzerath
Der Komplize
Hans-Olaf Henkel

Eine distinguierte Erscheinung, die sich in dieser seiner Haut wohl fühlt. Wohlgelitten. Ein indanthrener Hanseat, stets mit einer Handvoll Wasser unter dem Kiel. Er hört auf den klingenden Namen Hans-Olaf Henkel »Trocken«, der sein Schäfchen längst im Selben haben mag.

Viele Jahre konnte er als gesalbter Stellvertreter der Gottheiten in den Vorstandsetagen die Messe halten.

Als Hansdampf in allen Gassen, der wendigen Worte mächtig, ein in den unvermeidlichen TV-Talkshows stets willkommener, versierter Hanswurst. Nimmergrün, Schnittlauch auf allen Suppen! Für die Plattheiten und Langeweile solcher Sendungen mit haftbar.

Als Olaf hingegen zur Sendung auserwählt, geradezu vom Himmel gefallen, nicht genannt, von welchem. Er entdeckte seine Berufung zum Diskjockey eines seriösen Berliner Radiosenders: sein Dating als Nachkriegs-Student mit dem Jazz nostalgisch und vor Wissen strotzend einer sonntäglichen Zuhörerschaft zu offenbaren. Allerdings nicht ohne dabei die einmalige Gelegenheit zu nutzen, seine monetäre Kaste und deren »Philosophie« immer wieder als »Allein Seligmachendes« ungeniert zu beglaubigen.

Ein Jazz-Fan sollte wissen, wo der Jazz seinen Ursprung hat. Er müsste rot werden, einer nimmersatten Finanz-Korona Komplize zu sein.

Es muss gesagt werden, es ist eine schamlose Spezies, die mit ihren boniheischenden, hysterischen Manipulationen ihr fatales Finanz-System zum Platzen gebracht hätte, wenn nicht die Bürger mit ihren Steuergroschen gezwungenermaßen das skandalöse Missmanagement bezahlen würden. Eine menschenverachtende Rechnung!

Immer wieder haben Sozialismusstrukturen versucht, unseren herzlosen Kapitalismus zu überwinden. Ohne Erfolg! Der Mensch ist ein Raubtier, sobald er dazu eingeladen wird.

Hört auf mit der krankmachenden Geldgier! Seht euch doch mal die kaputten Gesichter der Menschen an!

Jeannette Faure
Prinzipien und Missverständnisse
Eva Herman

Nein, sie hat es wirklich nicht leicht. 13 Jahre nach Kriegsende als Tochter eines in der Hotellerie tätigen Paares geboren, zwei Geschwister, den Vater verloren, als sie sechs Jahre alt war. Der zweite Mann der Mutter gewalttätig. Nix wie raus, muss sie gedacht haben, wurde Hotelkauffrau und heiratete mit 25 einen Autohändler, dessen Namen sie – geschieden nach fünf Jahren – behielt, aber aufs Notwendige reduzierte: aus Herrmann wurde Herman. Mit 39 wird sie Mutter und zieht ein paar Jahre später Bilanz; lieber hätte sie drei Kinder und eine Scheidung gehabt als drei Scheidungen und ein Kind.

Die Ex-Tagesschausprecherin Eva Herman hat Karriere gemacht, zweifellos. War bis Mitte 2006 regelmäßig auf deutschen Mattscheiben zu sehen, 17 Jahre Tagesschau, sieben Jahre NDR-Talk – um nur die Highlights zu nennen.

Der Rauswurf bei der ARD 2006 erfolgte nach dem Erscheinen ihres Buches »Das Eva-Prinzip«. Offensichtlich ein Missverständnis! Schließlich stellte Eva Herman in ihrem Buch nur klar, was – ihrer Ansicht nach – die halbe Bundesrepublik dachte: Der Ehemann sorgt für das Auskommen respektive Einkommen, die Ehefrau – als Hausfrau selbstverständlich – für den Rest (das Haus eben, die Kinder). Das musste doch mal gesagt werden dürfen! Endlich einmal ein Promi – noch dazu ein weiblicher – der sich diesem aus 68er Zeiten entwickelten Emanzengewäsch entgegenstellte! Mutig und unverblümt die Ehre deutscher Mütter rettend, die ja bekanntlich seit den 70er Jahren die, ähem, Autobahn runterrollt.

Eva Herman hat Prinzipien, klar, das zweite heißt »Arche Noah«. Hier springt sie dem armen Neuzeit-Mann bei, der arg in Bedrängnis geraten ist: »Die Frauen müssen wissen, dass wir nicht tagsüber Windeln wechseln und bügeln und abends den Löwen im Bett geben können«, lässt sie einen gut aussehenden jungen Zuhörer ihrer Lesung verkünden. Genau! Da sind endlich Einsicht und Rücksichtnahme gefragt, Rückbesinnung auf weibliche Werte. Wenn das Frauenbild weiter von unverheirateten Feministinnen diktiert wird, werden wir aussterben, jawohl, mit Mann, Frau und Maus. Denn Kinder sind nicht erwünscht, nicht in diesem Missverhältnis zwischen hilflosen Männern, die die Emanzipation verpennt haben, und karrieregeilen Frauen, das die Gesellschaft derzeit prägt.

Also Frauen, besinnt euch! Karriere ist schließlich nicht alles. Ist doch bekannt, wo das hinführt: An der Uni gibt es noch 50 Prozent weibliche Studierende, unter den Professoren sind nur noch 15 Prozent Frauen. Pfeift auf die Karriere, eure Stärken liegen ganz woanders! Lieber viele Kinder kriegen. Stillen ist auch ganz wichtig, Apfelkuchen backen und Gott vertrauen. Bindungen schaffen, Töchter erziehen, die euch nacheifern, Söhne, die zu echten Kerlen werden! Und wenn der Ehemann und Verdiener nach Hause kommt, ihn nicht gleich überfallen mit euren Problemen – er braucht schließlich seine Ruhe.

Seht euch Eva Herman an – da hat es doch wunderbar geklappt!

Oder habe ich da irgendetwas missverstanden?

Erhard Preuk

Ein offener Brief an den ARD-Programmdirektor
Volker Herres

Sehr geehrter Herr Herres,

bitte unterstützen Sie mich dabei, wenn ich von der GEZ mein Geld für die letzten Jahre zurückhaben und in Zukunft auch keins mehr bezahlen möchte.

Denn seit Jahren werde ich vom öffentlich-rechtlichen Bezahlfernsehen verblödet. Lange habe ich das gar nicht bemerkt. Aber jetzt ist es schon so weit gekommen, dass ich mir Anne Will, die Tagesschau oder ein musikalisches Stadl oder eine Rätselsendung oder eine Talkshow ansehe und mein Gehirn davon ganz gelähmt wird. Die verheerende Folge ist, dass ich schon genauso blöd bin wie Frau Merkel, die ständig Banken rettet und Krieg führen lässt, oder wie mein asozialer Nachbar, der jeden Tag die *BILD* liest, alkoholfreies Bier säuft, Ausländer beschimpft und seiner Frau die Burka verbietet.

Ich möchte das nicht mehr. In Zukunft werde ich nicht mehr fernsehen, sondern nur noch Bücher lesen, die von der Weisheit der Menschheit künden. Ich habe keine Lust, mit dem Fernsehen in geistige Barbarei zu versinken.

Der Verfassungsauftrag fürs Fernsehen lautet ja, die Vielfalt der Meinungen in der Bundesrepublik widerzuspiegeln. Aber, entschuldigen Sie, wenn ich das so hart formuliere, hier wird doch keine Vielfalt gezeigt, das ist doch die blanke Einfalt. Und das ist verfassungswidrig. Ich selbst will auch nicht einfältig sein und achte das Grundgesetz.

Früher war ich mal sehr klug und habe mein Studium mit sehr guten Ergebnissen abgeschlossen. Das hat viel Mühe gemacht, und ich war stolz darauf. Jetzt muss ich feststellen, dass alles für die Katz war, wie man so sagt. Ich bin durch den Genuss des Fernsehens völlig verblödet. Das liegt aber nicht in meinem Interesse. Weil ich doch ein mündiger und denkender Bürger sein will, der die Demokratie mitgestaltet. Dieser Brief ist mein letztes Aufbäumen in dieser Hinsicht.

Sicher sind Sie auch in einer schwierigen Lage. Bestimmt schickt unsere Regierung ständig Leute zu Ihnen, die sagen: »Lieber Herr Herres, Sie müssen das Volk mehr verblöden. Es reicht noch nicht. Machen Sie ein noch blöderes Programm, damit die Einschaltquote stimmt und die Menschen da draußen nicht auf dumme Gedanken kommen. Sie sind doch ein Profi.«

Und Sie machen das dann auch, weil Sie ja Ihren Job nicht verlieren wollen. Und ich verstehe das alles, aber verstehen Sie auch mal mich! Nur weil die Regierung ein dummes Volk braucht, um ungestört regieren, also es ausplündern zu können, soll ich mit jedem Tag blöder werden. Sonst könnte das Volk noch auf doofe Gedanken kommen und sagen: Wir sind das Volk! Und mit dem Grundgesetz rumfuchteln, in dem steht: Alle Macht geht vom Volke aus. Aber das hätte keinen Sinn, denn es gibt ja keine Mauer mehr, die man einreißen könnte. Lassen Sie doch das Volk ruhig fuchteln! In den Osten kann das dumme Volk auch nicht mehr gehen, weil es dort keinen Sozialismus mehr gibt.

Bestimmt sind Sie bibelfest und handeln nach Treu und Glauben und dem Satz: Denn selig sind die Bekloppten.

Das ist in der Tat ein humanistischer Gedanke, denn viele Menschen würden, wenn sie alles durchschauten, was das Fernsehen ihnen jeden Tag bietet, potzblitz einfach verrückt werden. Dafür reichen dann wieder die Irrenhäuser nicht aus. Also ist es besser, aus dem ganzen Land ein Irrenhaus zu machen und die Irren jeden Tag von früh bis spät mit ruhigstellenden Sendungen ins geistige Koma zu schicken.

Da ich vom Fernsehen sowieso schon verblödet bin, kann ich auch noch einen obszönen Gedanken äußern. Wir leiden ja alle an Vergreisung. Der demografische Faktor schlägt um uns herum voll zu. Also ist es auch wieder gut, wenn das Volk verblödet wird, weil es doch heißt: Dumm fickt gut. Verstehe ich das richtig, Sie machen deshalb ein so bescheuertes Programm, damit in Deutschland endlich wieder mehr Kinder geboren werden? Also liegt in der allgemeinen Verblödung Deutschlands Zukunft!

Sehen Sie, und weil ich keine Kinder mehr bekommen will, bitte ich Sie zu veranlassen, dass mir mein GEZ oder wie das heißt für die letzten Jahre zurückerstattet wird. Meine eigene Verblödung möchte ich nicht auch noch bezahlen müssen, morgen nicht und gestern schon gleich gar nicht. Übermorgen vielleicht.

Mit freundlichen Grüßen

Christina Seidel

Kein Baron von Münchhausen
Siegfried von Hohenau

Wo kauften die DDR-Bürger ihre Lebensmittel? Nicht in Supermärkten oder Centern, sondern »beim HO« und am liebsten im Konsum. Dort konnten sie für jedes Jahr fein säuberlich ihre roten, blauen und braunen Konsummarken in ein Oktavheft kleben und am Ende »Dividende« dafür erhalten.

Im damaligen Bezirk Halle sammelten 472 000 Konsummitglieder akribisch diese Marken. Bis zum Februar 1992. Über Nacht hörten sie, dass die 3500 Läden geschlossen und 22 000 Mitarbeiter entlassen werden sollten. Die Spitze des Eisberges: Die Mitglieder sind in der »Nachschusspflicht«, sollten einen Teil der Schulden tragen.

Vorgeschlagen hatte Letzteres ein Baron aus München, kein Witz, und nicht zu verwechseln mit Münchhausen …

Dr. Siegfried von Hohenau, Rechtsanwalt, Jahrgang 1950, von großspurigem Auftreten, hatte die Konkursrichter einzeln angeschrieben und sich als Sequester empfohlen. Geschäftswert der KG Halle, der größten in den neuen Bundesländern: 450 Millionen Mark. Das lohnte sich auch für einen Baron.

Um die Richter von seiner »Eignung« zu überzeugen, überließ er dem Kreisgericht Halle unentgeltlich ein Faxgerät, einen Kopierer und stellte ein Auto zur Verfügung. Er freundete sich mit dem Sohn des zuständigen Zivilrichters an, und beide verbrachten einen Kurzurlaub im Ferienhaus auf Elba, eingeladen vom Vater des Barons.

Der damalige hallesche Amtsgerichtspräsident verfasste in von Hohenaus Auftrag ein Gutachten, und obwohl diese Nebentätigkeit nach dem Gesetz unzulässig war, erhielt er ein Honorar von 100 000 Mark.

Peanuts, im Vergleich zu dem, was der Baron kassierte. Für fünf Tage Arbeit vom 24. Februar bis zur Konkurseröffnung am 2. März 1992 12,72 Millionen Mark netto. Sollte er 16 Stunden am Tag gearbeitet haben, dann für einen Stundensatz von 159 000 Mark. Es war die bisher höchste Sequester-Vergütung in der Bundesrepublik. Sicher beispielgebend für zukünftige Honorare.

Von 1-Euro-Jobbern war damals noch nicht die Rede …

Hohenau war zum damaligen Zeitpunkt der einzige Konkursverwalter, dessen Honorar im Bundesanzeiger veröffentlicht wurde, und zwar Ende Juli. Ein günstiger Zeitpunkt. Die Gläubiger waren im Urlaub, und als sie davon erfuhren, kamen die Proteste zu spät. Eine Änderung war nicht mehr möglich.

Die Richter mussten ihre Arbeit als Konkurskontrolleure aufgeben, nur der Baron durfte weiter verwalten, Gier und unangemessene Bereicherung sind nicht strafbar.

Wegen Bestechung und Aktenunterdrückung wird in der Folge gegen ihn ermittelt, und einen Teil des Honorars muss er zurückzahlen.

Ein Journalist heftete sich im Jahr 2000 an von Hohenaus Fersen, recherchierte und recherchierte, ahnte eine große Story, hörte von seinem Engagement in Sao Tomé, dort, wo Ausländer keine Steuern zahlen müssen, wo mit dem Geld des Barons für 3,7 Millionen Mark (so viel war in Halle nun bestimmt abgefallen) in zweieinhalb Jahren ein Luxushotel errichtet wurde, und schrieb seine siebenseitige Reportage in »brand 1«, im Internet nachzulesen. Darüber stolperte auch Dr. Hohenau und verfasste eine Stellungnahme. Er würde sich nie mit Baron am Telefon melden, er äußert sich nicht rassistisch, der Premierminister von Sao Tomé war nicht bis vor kurzem Angestellter im Hotel Miramar. Bei dem Onkel seines Managers Galland streitet er nicht ab, sondern ergänzt sogar stolz: »General Adolf Galland war der erfolgreichste Jagdflieger des 2. Weltkriegers und wird in den Fliegerkreisen des *gegnerischen* Auslands hoch geachtet.« Die Behauptungen jedoch, der Hotelmanager Galland vertrete die Auffassung, alle Schwarzen seien gehirntot und Afrika müsse wieder kolonisiert werden, seien frei erfunden. Auch das Hotel gehöre nicht ihm, sondern dem Staat Sao Tomé. (Verschenkt er jetzt nicht mehr nur Fax-Geräte und Kopierer, sondern gleich ganze Hotels?) So viel »Afrikanerliebe« ist schon wieder verdächtig.

Elf Jahre nach der Eröffnung, im Februar 2003, wurde im Amtsgericht Halle die Akte »Konsumgesellschaft Halle« geschlossen. Still und unspektakulär.

Verwalterlohn: 20 Millionen Mark.

Sandra Rudnick

Wittstock sucht die Superputzer

Renaldo M. Hopf

Für Angelika Fröhlich

Die erste Million war schon immer die Schwerste, so viel wusste Renaldo M. Hopf aus Hamburg. Hin und wieder fragte er sich, was also zu tun wäre, um trotzdem zu einem ansehnlichen Vermögen zu kommen. Arbeiten? Nee, Arbeit allein dürfte dafür nicht ausreichen, denn Arbeit lohnt selten – Tätigkeit immer. Wie wär's daher mit einer Firma, die quasi zum Nulltarif arbeiten lässt? Dazu bräuchte man lediglich einen gutgläubigen Geldgeber und ein paar verzweifelte Langzeitarbeitslose. In Klaus Kinder hatte er bald den Mann mit den Spendierhosen gefunden, fehlten nur noch die, die sich für'n Appel und 'n Ei abschindern sollten.

»Zur Verstärkung unseres Teams suchen wir engagierte und zuverlässige Reinigungskräfte aus dem Raum Wittstock, die uns bei einem Schauputzen von ihren Fähigkeiten überzeugen.«

Ermuntert auch vom ansässigen Arbeitsamt fanden sich auf diese Zeitungsannonce hin mehr als hundert Arbeitswillige aus Wittstock und Umgebung, die an einem solchen Putzcasting für Herrn Hopfs Reinigungsfirma »MACH MIT« teilnehmen wollten. An einem x-beliebigen Wochenende des Jahres 2003 bevölkerten sie eine leerstehende, schäbige Sporthalle, die inzwischen das Zeitliche gesegnet hat, und gaben ihr Bestes. In kleinere Gruppen aufgeteilt und mit Putzutensilien jeder Art bewaffnet, knöpften sich die Kandidaten die abgenutzte Halle, die verdreckten Sanitäranlagen und den erbärmlichen Eingangsbereich vor. Nach zahlreichen Stunden mit erstmaligem Probeputzen in liegenden Wischmopp-Achten und nützlichen Informationsvorträgen über die einzusetzenden Putzmittelchen, einem Recall mit einem nochmaligen Probeputzen und weiteren Informationsvorträgen war die Spreu vom Wittstocker Weizen getrennt.

Nach dieser sorgfältigen Auswahl blieben etwa fünfzig fähige Männer und Frauen übrig, denen Renaldo M. Hopf nun in Einzelgesprächen schonend die harte Realität über ihre künftigen Arbeitsbedingungen beibrachte:

Abfahrt Wittstock 4.00 Uhr, Arbeitsbeginn Hamburg 6.00 Uhr, Arbeitsdauer mindestens 6 Stunden, Arbeitsende Hamburg frühestens 13.00 Uhr, Ankunft Wittstock frühestens 15.00 Uhr, 5 Tage in der Woche, Stundenlohn maximal 6,21 € (Fahrzeit nicht mitgerechnet, versteht sich)

Dass aber anfangs auch eine Montag-bis-Sonntag-Woche drin sein müsse, war für Renaldo M. Hopf nur allzu einleuchtend, schließlich waren seine Schützlinge lange genug arbeitslos gewesen. »Jetzt wird erst einmal gearbeitet« lautete seine Devise. Alle blieben, denn alle wollten endlich das dicke Ende der Wurst.

Und schon einige Tage später startete der Pendelbetrieb zwischen Wittstock und Hamburg. Mitten in der Nacht standen Hopfs Hoffnungsträger auf den ersehnten Reichtum auf und wanderten halb verschlafen durch die dunklen Straßen von Wittstock zum vereinbarten Treffpunkt. Mehrere Kleinbusse, die selbstverständlich einige seiner allround talentierten Reinigungskräfte steuerten, brachten den Rest der Mannschaft in die entlegensten Pflegeheime Hamburgs. Auf routinierte Fahrer zu verzichten, hatte zwar den Nachteil, dass die Putzfrauen mitunter zu spät an ihren jeweiligen Einsatzorten eintrafen, aber die verlorene Zeit durch die blinden Irrfahrten konnten sie einfach hintendran hängen. Wie praktisch, denn eine geregelte Rückfahrtszeit nach Wittstock gab es ohnehin nicht. Der Vorteil an diesem Abknapsen lag aber klar auf der Hand – Renaldo M. Hopf konnte bequem fünf überflüssige Gehälter für fünf überflüssige Fahrer einsparen. Nun ja, dann mussten die fahrenden Putzfrauen eben noch ein bisschen härter ran …

Altona, Fuhlsbüttel, Lokstedt, Oberaltenallee und Uhlenhorst hießen fortan die Tatorte für Hopfs Putzkolonnen. Jeden Morgen bot sich den Heimbewohnern dort das gleiche Bild: Die Wittstocker Kleinbusse mit der Aufschrift »MACH MIT« fuhren vor, die Teams von etwa zehn Reinigungskräften schwärmten in den Seniorenresidenzen aus und machten sich einigermaßen frisch ans Werk, denn zu tun gab es schließlich jede Menge. Die Pflegeheime selbst bestanden aus einem Gebäudekomplex mit nahezu

200 Zimmern, die alternierend einer Sicht- und einer Unterhaltsreinigung zu unterziehen waren. Während bei der Sichtreinigung nur die sichtbaren Verschmutzungen eines Zimmers beseitigt werden müssen, beinhaltet die Unterhaltsreinigung das Leeren und Säubern von Abfallbehältern jeder Art, das Abstauben aller Einrichtungsgegenstände, das Aufräumen des Zimmers und nicht zuletzt die Fenster- und Fußbodenreinigung. Die weltberühmte und allseits bekannte Berechnungsformel für die Reinigungsdauer einer Raumgruppe, Fläche $[m^2]$ / Richtleistung $[m^2 / h]$ = Zeit pro Durchführung $[h]$, ließ Renaldo M. Hopf von vornherein links liegen. Mit seinen Wittstocker Superputzern würde er bei höchster Qualität auch die höchste Quantität erzielen. Eine Unterhaltsreinigung in nur acht Minuten könnte für Normalsterbliche zum Problem werden, für Hopfs Superputzer sollte sie indes machbar sein. Über seinen Daumen gerechnet, ergab sich daraus eine stark vereinfachte und stark verbesserte Berechnungsformel: Putzen von A wie Anrichte bis Z wie Zahnersatzdose = Wienern in W wie Windeseile. Damit aber nicht genug, denn zu den vielen Bewohnerzimmern kamen auch noch die Sanitäranlagen, die Treppenhäuser, die Büroräume der Heimverwaltung und und und.

Seine Rechnung hatte Renaldo M. Hopf aber offensichtlich ohne die Hausdamen der Pflegeheime gemacht. Bei ihren regelmäßigen Kontrollen durch die Räume verwiesen sie immer öfter auf hygienische Mängel und vergaben entsprechend schlechte Zensuren für Hopfs Reinigungskräfte. Um augenscheinlich an seinen hohen Qualitätsstandards festzuhalten und um sich nicht bis auf die Knochen zu blamieren, erschien Renaldo M. Hopf höchstpersönlich, machte sich ein Bild vor Ort und meckerte in Anwesenheit der Hausdamen, was das Zeug hielt. Es gab keinen Grund, sich zurückzuhalten, denn diese Jammer-Ossis waren dabei, seine Vision von einem profitablen Imperium in der Reinigungsbranche zu zerstören. »Ich werde euch in den Arsch latschen, wenn ihr das hier vergeigt.«

Allmählich stellten sich aber auch Zweifel auf der anderen Seite ein. Die Lohnzahlung für den ersten Arbeitsmonat kam verspätet, aber sie kam. In einem nüchternen Briefumschlag erhielten die meisten der Wittstocker Reinigungskräfte ihre ersten selbst erarbeiteten Scheine seit Jahren. Da will man nicht gleich nachtragend sein, wenn der erste Lohn geringer ausfällt, als es der eigene Stundenzettel ausweist. Renaldo M. Hopf hatte ja auch von »Abschlag« gesprochen. Als er aber von seinen Mitarbeitern eine »Korrektur« ihrer Stundenzettel forderte, denn die tatsächlich benötigten Arbeitsstunden in Hamburg hatten seine Kalkulation und seine Finanzen bei weitem überschritten, und als aus dem vereinbarten Stundenlohn rückwirkend ein monatliches Festgehalt mit der Tendenz zur Ausbeutung geworden war, wurde es Wittstocks Superputzern zu bunt. Sie wollten nicht länger ohne Privatleben sein, nicht länger unbezahlte Überstunden in Hülle und Fülle schieben, nicht länger ihrem Chef wegen des Lohnes hinterherlaufen, und sie wollten nicht länger seine Demütigungen ertragen.

Gut ein dreiviertel Jahr nach dem optimistischen Aufbruch in ein besseres Leben waren alle Träume ausgeträumt: »MACH MIT« war insolvent und Renaldo M. Hopfs Idee von Wohlstand und Verschwendung obsolet. Weitaus tragischer aber endeten die Hoffnungen seiner Mitarbeiter:

Märkische Allgemeine Zeitung vom 15.3.2004:

+++ Schwerer Unfall +++ Opfer aus Wittstock und Umgebung +++ PARCHIM/WITTSTOCK Bei einem schweren Verkehrsunfall kurz vor der Autobahnabfahrt Parchim-Ziegendorf (Mecklenburg-Vorpommern) auf der A 24, Richtung Wittstock, starb am Sonnabend eine Frau. Zwei Frauen wurden lebensbedrohlich verletzt, drei schwer und zwei wurden leicht verletzt.

Alle acht Frauen, geboren zwischen 1946 und 1961, kommen aus Wittstock und den umliegenden Dörfern. Sie sind Mitarbeiterinnen der Firma »Machmit«-Gebäudereinigung und waren von der Arbeit in Hamburg auf dem Weg nach Hause.

Ludwig Schumann

Hoppe, hoppe Reiter

Jörg-Dietrich Hoppe

Ein rührendes Bild, sagt die Pflegeschwester. Ich mag es, wenn er, völlig allein, nur mit seiner Violine bekleidet, am Fenster steht und verzweifelt versucht, sich der Abfolge der Töne zu erinnern. Wenn ich es mitsumme, schafft er es. Diese Verlorenheit. Diese Durchschimmerung der Realität. Er wirkt, als liefe er während des Spiels durch dichten Nebel. Und diese geradezu pathologische Dürre. Als hätte er sich bereits aus dem Leben verabschiedet. Nicht nur, dass das Fleisch den Tieren bleibt, auch die Salzkartoffeln, erzählte mir Schwester Hedwig gestern, versucht er in den Boden zu stecken. Wachst, sagte er. Und bleibt schön gesund. Die pflegerische Hilfskraft schaut betroffen auf die Schwester. Sie brauchen kein Mitleid zu haben, sagt die Pflegeschwester, er hat selbst dafür plädiert. Er wollte die Prioritätenliste für die Behandlung in der Mangelversorgung. Die Politik hat geschimpft, ihn einen krummen Hund genannt, aber letztlich doch die Liste erstellt. In seinem Alter, am Ende seiner Laufbahn angekommen, hatte er für eine Behandlung eine zu geringe Punktzahl auf der Prioritätenliste. Und nun dämmert er dahin. Die Pflegeschwester lacht. Sie lacht allein. Die pflegerische Hilfskraft stammt aus Turkmenistan. Wahrscheinlich wäre der Dämmerzustand doch gekommen. Doch hätte er bis dahin noch etliche schöne Jahre haben können. Es ist ein zu schönes Bild, sagt die Pflegeschwester wieder. Schauen Sie doch, wie hinter ihm die Sonne untergeht. Er steht vor dem Sonnenuntergang und spielt unverdrossen das alte Kinderlied auf der Geige. Das offene Fenster gibt ihm den Rahmen. Es geigt, als hüpfte er. Niedlich. Haben Sie gestern das Bild gesehen, das er malte? Den einsamen Geiger im Fenster? Und dieser große, unheimliche Boxerhund, der ihm, geifernd, nach der Hand schnappte, als wollte er das Instrument zum Verstummen bringen? Die Pflegeschwester schüttelt den Kopf, erinnert sich dabei, dass sie vergebens auf ein zustimmendes Wort warten wird. Sie schickt die pflegerische Hilfskraft in das Nachbarzimmer. Da kann sie keinen Schaden anrichten, denkt sie. Der ehemalige Kapitän im Nachbarzimmer versteht nicht nur nichts mehr, der hört auch noch schwer.

Auf dem Tisch liegen alte Zeitungsausrisse. »Dieser Mann weigert sich hartnäckig, verständliche Sätze zu sprechen«, liest die Pflegeschwester unter einem Bild von ihm. Aber was für ein Logiker war er, denkt die Pflegeschwester, die damals, als er seine Rede hielt, gerade ihre Ausbildung als Krankenschwester bei einer Landärztin absolvierte. Sie hörte mit, als diese ihrem Lieblingspatienten sagte: »Na, die sollen ruhig mal auf dem Teppich bleiben. Verdienen will man immer mehr. Aber ich kann mich auch nicht beschweren.« Ach, war das eine schöne Zeit, erinnert sich die Pflegeschwester. Ihre Patienten waren mit der Landärztin zur Schule gegangen, hatten miteinander Verstecken gespielt und den alten Medizinalrat, ihren Vater, heimlich durchs Fenster der Praxis beobachtet, wie er der alten Moritz das Herz abhörte. Ja, pflegte der alte Medizinalrat danach zu sagen, die Erdanziehung ist eine unbarmherzige Sache. Ziehen Sie sich mal ruhig wieder an, Muttel Moritz. Wie oft hatte das die Landärztin erzählt. Die Pflegeschwester fand damals, dass er recht hatte, der Geiger. Es musste endlich mal einer auf den Tisch hauen.

Als ihrem Vater angedient wurde, dass er in seinem Alter auf eine von der Kasse bezahlte Hüftgelenkoperation kein Anrecht mehr hätte, sich aber gern auf eigene Kosten operieren lassen könne, schlug ihre Sympathie für den Vorschlag des nach dem Ärztetag eingesetzten Gesundheitsrates um. Ich wollte das nicht, hört die Pflegeschwester die Stimme des Geigers. Er hatte sich neben sie gesetzt. Ich wollte die Politik provozieren, ja. Ich wollte eine Diskussion in Gang setzen, die Politiker in die Enge treiben. Die Mangelversorgung war ein Problem in Deutschland, sprudelte es aus ihm heraus, als wäre er froh, endlich einen Gesprächspartner gefunden zu haben. Er öffnete eine kleine Schachtel, nahm das Kolofonium heraus und strich das Rosshaar seines Geigenbogens ein. Das Haar meines Bogens stammt von einem Schimmel, sagt er verträumt. Ich habe das Tier weiland gemalt. Wissen Sie, man reibt die Bogenhaare mit diesem Kolofonium ein, weil er erst dadurch in der Lage ist, während ich streiche, diesen Wechsel zwischen der Haftreibung und der Bewegung im Rhythmus der Saitenfrequenz zu erzeugen. Verstehen Sie? Es ist eine Frage des richtigen Tons. Es gab so viele Unzumutbarkeiten für den behandelnden Arzt seinerzeit. Das musste auf den Tisch. Will man keine Mangelversorgung, die im Deutschland des Jahres 2009 leider aktuell war, muss man dazu stehen, dass man Leistung rationiert. Ich wollte nicht, dass dies geschieht. Ich wollte, dass die Politik aufwacht aus ihrem Dauerschlaf. Wir können immer mehr. Es wird immer teurer. Man entwindet uns die Mittel, auf dem Stand der Wissenschaft tatsächlich und flächendeckend zu arbeiten, und erzählt in der Öffentlichkeit, es seien die Ärzte, deren Ansprüche jegliches Maß sprengten. Nun, habe ich gesagt, dann muss man Prioritäten setzen. Dann muss man aus der Politik ein System schaffen, das einteilt. In solchem Fall muss es auch ein Raster geben, nach welchem Behandlungen zurückgefahren, eingestellt oder gar nicht erst begonnen werden. Da müssen Kriterien benannt werden, die uns Ärzte in die Lage versetzen, das zu beurteilen. Die Politik, dozierte er erhobenen Zeigefingers, die Politik muss sagen, nach welchen Kriterien wir zu entscheiden haben. Das ist ihre verdammte Pflicht und Schuldigkeit! So ist das. Hieß Ihr Ansatz damals aber nicht, fragt die Pflegeschwester zurück, dass sie wieder einteilten in lebenswertes und lebensunwertes Leben? Der Geiger fährt auf. Ja, natürlich, da gibt man etwas zu bedenken, und dann wird man in diese Naziecke gestellt. Er gestikuliert wild, zeigt mit dem Geigenbogen auf sie. Richten sie nur hin. Richten sie ordentlich hin. Es wird niemandem nützen. Was heißt denn das, wenn der damalige Staatssekretär im Gesundheitsministerium, dieser Herr Klaus Theo Schröder, wenn er sich hinstellt und meint, dass man ein System mit begrenzten Mitteln nicht ohne Mengensteuerung fahren könne. Ich wollte lediglich darauf hinweisen, dass ein Gesundheitswesen, das sich von der Hoffnung getragen weiß, dass die Errungenschaften der modernen Medizin allen Kranken in gleicher Weise zur Verfügung stehen, einen Traum aus Zeiten darstellt, in denen es einen eher sparsamen Fortschritt in eben diesen Errungenschaften gab. Man kann noch so sehr auf die Rationalisierungspotenziale setzen, die Politik kommt um eine Priorisierung nicht herum. Und dann sollen die die Bösen sein, die die Bösen sind. Der Geiger steht plötzlich auf, stellt sich wieder ans Fenster, und die Pflegeschwester wacht auf, weil er partout nicht über die ersten drei Töne hinwegkam. Jetzt sind Sie endlich mal still, die Pflegeschwester versucht, ihm den Geigenbogen zu entwinden. Als es ihr gelingt, schmeißt sie den Bogen aus dem Fenster. Das heißt aber doch, dass Sie nicht nur die Rangigkeit bestimmter Indikationen oder Verfahren im Sinn hatten, sondern von vornherein auch die bestimmter Personengruppen? Der Geiger steht da und sieht unglücklich aus dem Fenster. Ohne seinen Bogen wirkt er hilflos.

Prof. Dr. med. Jörg-Dietrich Hoppe wurde 1940 in Thorn, damals Reichsgau Danzig-Westpreußen, geboren. Der studierte Kunsthistoriker und Mediziner arbeitete von 1982 bis 2006 als Chefarzt des Instituts für Pathologie am Dürener Krankenhaus sowie als Hochschullehrer am Institut für Rechtsmedizin der Universität Köln. 1999 wurde er auf dem Deutschen Ärztetag in Cottbus zum Präsidenten der Bundesärztekammer und des Deutschen Ärztetages gewählt, 2003 und 2007 im Amt bestätigt. Hoppe ist Mitglied im Aufsichtsrat der Allianz Deutschland AG sowie der Deutschen Apotheker- und Ärztebank. Auf dem 112. Deutschen Ärztetag im Mai 2009 in Mainz warf er der Politik bewusste Täuschung der Bürger über Sparzwänge im Gesundheitswesen vor und brachte seine Vorschläge für einen Gesundheitsrat auf das Tableau, der künftig die wichtigsten Gesundheitsleistungen festlegen soll.
Hoppe spielt Violine.

»Das erste Erfordernis einer guten Krankenanstalt ist demnach, dass sie so eingerichtet sei, dass das Wohl der Kranken in jeder Weise gefördert wird. Es darf also gar nicht infrage kommen, wie viel Geld eine solche Anstalt kostet. Entweder erkennt man die Verpflichtung der Gesamtheit, des Staates und der Gesundheit an, und dann muss auch das Geld geschaffen werden, oder man erkennt sie nicht an, aber dann sage man nicht erst, dass eine öffentliche Gesundheitspflege existiert.« (Rudolf Virchow, 1821 bis 1902)

Peter Köhler

Der Jesus von Berlin
Wolfgang Huber

Nein! Gott ist kein ausgeleierter Sack, Jesus kein toter Hänger, der Heilige Geist kein Widerspruch in sich: Das ist die frohe Botschaft Wolfgang Hubers, seines Zeichens evangelischer Erwachsenenbischof von Berlin-Brandenburg und als Vorsitzender des Rates der Evangelisch sprechenden Kirchen Deutschlands auch viele Jahre Papst der deutschen Protestanten. Vom finnischen Wunderläufer Paavo Nurmi heißt es, dass er auch dann neunmal Olympisches Gold eingetütet hätte, wenn er ohne Beine und Schuhe zur Welt gekommen wäre. Ähnliches gilt für Wolfgang Huber: Er wäre selbst dann Theologe geworden, wenn Gott noch gar nicht erfunden gewesen wäre. Das freilich hatte vor ihm schon Martin Luther besorgt. Alles andere besorgt seither Wolfgang Huber.

Entsprechend seiner Stellenbeschreibung sieht der Ausgewiesene Professor für Anthropogene Theologie (aus dem Kopf zitiert) und langjährige Inhaber der EKD immer und überall Gott, nicht nur um Mitternacht. Weit über die schmalen Grenzen seiner Kanzel hinaus ist der professionelle Gottesanbeter dafür bekannt, zu jedem Thema seinen Mund zu öffnen, egal ob zum Ladenschluss (»Einkaufen heißt Begegnen«, so in etwa sein Statement), zum Tourismus (»Jesus im Ausland suchen. Protestantische Strandarbeit unter nackten Palmen«, so ungefähr sein Beitrag in: »Evangelische Zeitschrift für bedrucktes Papier«, 31.4.2003), zum Fußball (»Torjubel als Gottesdienst. Christliche Betrachtungen zum Wollen und Vollbringen«, so über den Daumen gepeilt seine Rede zur Fußball-WM 2006), wahrscheinlich auch zur Leichtathletik (»Weitsprung aus kirchlicher Sicht. Zur Frage gesegneter Beine«, so halbwegs sein Grußwort zu den Bundesjugendspielen 1999), gewiss aber zum Kopftuchstreit (»Trug Jesus einen Hut?«, so womöglich seine ganz neue Fragen aufstülpende Predigt im Oranienburger Hutgeschäft Bamme, 2008) und zu Auslandseinsätzen der Bundeswehr (»Jesus lebt, auch wenn wir sterben müssen!«, so eventuell seine Begrüßungsrede am Flughafen Köln-Wahn für die am Hindukusch Gefallenen).

Wolfgang Huber setzte sich stets auch persönlich ein und wandte sich z. B. als Mitglied im Deutschen Ethikrat strikt gegen jede Forschung an seinen Genen. Besonders überraschend: Hin und wieder beschäftigt er sich sogar mit Fragen seiner Kirche; siehe hierzu: »Kirchengestühl heute oder Die Möglichkeit von Knochenbrüchen im praktizierten Glauben«, in: »Fiktive Zeitschrift für wichtige Probleme«, Oktembernummer 2009.

Wolfgang Huber: Er ist der Hammer Gottes, der Eisenfuß Jesu. Er füllt die Kirchenschiffe, bringt mit seinen Vorträgen die größten Säle zum Platzen, macht komplette Bücher voll; wohlbekannte Schmöker wie z. B. »Religion und Rheuma« (Hohlstedt 1992) und »Unverzichtbare Theologie. Ihr Beitrag für Universität, Gesellschaft und Theologie« (Laberen 1976), nicht zu vergessen seine mit Buchstaben gedruckte Trilogie »Erde ist Kirche«, »Mensch ist Gemeinde« und »Artikel ist Scheiße« (Schwallbrücken 1983ff.) sowie sein im Goldschuber befindliches Werk »Im Geist der Freiheit. Für eine Ökumene der Profile« (Quakenbach 2007, Taschenbuchausgabe unter dem Titel »Das Profil meines Geistes. In Freiheit für eine Freiheit der Ökumene in Freiheit«, Schrotthausen 2011).

Kein Jesuswunder also, dass Wolfgang Huber bekannt ist wie ein dicker Hund, zumal er ungewöhnliche Wege geht, um sich – nur um der hohen Sache willen! – ins Rampenlicht zu werfen. Er spielte eine Traumrolle in dem Western »Die linke und die flinke Hand Gottes«, Alexander Kluge schrieb ihm die Titelfigur in »Der Theologe in der Zirkuskuppel: immer gut beraten« auf den Leib, doch die Rolle seines Lebens hatte er in der Verfilmung von Heinrich Bölls »Ansichten eines Clowns«. Goethe widmete ihm sein nachgelassenes Hauptwerk, »Faust 3 – der Prediger«, Rembrandt malte ihn als »Mann mit dem goldenen Beffchen«.

Dabei hatte, als Wolfgang 1942 im damals elsässischen Straßburg geboren wurde, keiner unter seinen Eltern die Kirche auf der Rechnung, am wenigsten Vater Ernst Rudolf, der Hitlers bestes Pferd im Staatsrecht war und unter anderem das bahnbrechende Werk »Der Hund des Führers in verfassungsrechtlicher Sicht« niedergeschrieben hatte.

Dass die Alliierte Militärregierung den Vater nicht umgehend einstampfte, musste Gottes unerforschlicher Ratschluss sein und ließ Klein Wolfgang unverzüglich gläubig werden. In den ohnehin religiös kontaminierten 50er Jahren lernte er auf Gott komm raus, bimste danach statt Wissenschaft lieber Theologie und wurde Bestuhlter Professor in Marburg und Heidelberg.

Nebenher machte er sich mit allen dicken und dünnen Facetten des Lebens vertraut, um, wenn er 1994 zum Bischof von Berlin-Brandenburg gekrönt worden sein sollte, in jeder Angelegenheit mit seinem Schnabel klappern zu können. Er arbeitete als Pförtner in der Psychiatrie, machte eine Lehre als Käseverkäufer, jobbte als Blindenhund und besitzt seit einem Praktikum bei der Firma »X und U« auch ein Diplom als Gebrauchtwagenhändler. Dass er zudem als monatelanger Embryo genug Erfahrung mitbringt, um im Deutschen Ethikrat über Stammzellenforschung mitreden zu können, versteht sich.

Ebenso versteht sich, dass Wolfgang Huber auch sonst ohne Scheuklappen auf jeder Hochzeit tanzt: Er macht öffentliche Bibelarbeit mit taubstummen Kindern auf dem Gendarmenmarkt am Sonntag Urinalis, spricht das Christliche Grußwort in der Umkleidekabine des VfL Schöneberg und nimmt die Winterschlussverkaufsandacht im Wuppertaler Kaufhaus Karstadt vor. Er hält die Fäzes-Predigt in der Darmstädter Nacht der Keramik, verkündet das Wort Christi in der Morgenvesper des Bernauer Supermarkts Bolle und spricht über »Die Barmer Erklärung von Augsburg im Lichte von Bonn« (Vortrag im Wickelraum des Landesmuseums Hannover, abgedruckt in: »Popo-Magazin«, 29.2.2000) – alles, um Kirche attraktiv zu machen für Menschen, wie es auf Evangelisch heißt.

Und höre, Huber spricht auch fließend Bürokratisch und Ökonomisch, lässt in den Kirchen für satte Luxuslimousinen mit eingebauter Gespielin werben, kennt sich mit »Themenmanagement und Agendasetting« aus wie der Weihnachtsmann im Einzelhandel und lebt »theologische Führungskompetenz« sowie »überzeugende Beratungskompetenz und seelsorgerische Amtshandlungskompetenz« vor, dass es raucht. Denn wahrlich, Wolfgang Huber segelt gleich seinem Vater im vollen Takt der Zeit, nur dass sein Führer Gott ist.

Ernst Röhl

Günther Jauch sprachlos. 55 Zeilen Sozialneid

Am Tag danach kriegte Günther Jauch keinen Ton mehr raus. Der RTL-Quizmaster litt unter einer akuten Entzündung der Stimmbänder. So vehement hatte der Günther sich mal wieder reingehängt! Doch das TV-Quiz »Wer wird Millionär?« verlangte sein Recht, das Leben musste ja weitergehen. Die ganze Sendung hindurch trank er, in kleinen Schlucken, mit Honig gesüßten Kamillentee. Krächzend bat er seine Kandidatin Tamara Kastl, die Fragen, die sie beantworten sollte, doch ausnahmsweise bitte selbst vorzulesen. Sogar ihren Telefonjoker musste sie selbst anrufen. Stumm stand Jauch daneben und lutschte ein Eukalyptusbonbon.

Solche Tage kommen vor im Leben eines TV-Stars, der sich, wie Günther Jauch, mit voller Kraft einsetzt für gottgefällige Kampagnen. Eine heilige Allianz besorgter Berliner pflegt in der deutschen Hauptstadt von Zeit zu Zeit bizarre Volksentscheide zu veranstalten. Kürzlich ging es unter der Überschrift »Pro Reli« um Glaubensfragen. Das Kürzel Reli steht neuerdings, wie Touri (Tourist), Studi (Student) oder Fewo (Ferienwohnung), für das gute, alte Wort Religion. Und die Pro-Reli-Kampagneros standen möglicherweise unter Drogeneinfluss; denn die Religion ist hinlänglich bekannt als Opium des Volkes. Überhaupt spielt der Glaube an der Spree traditionell eine große Rolle. Schon Kaiser Willem II. war stark im Glauben. »Ich glaube an das Pferd«, bekannte er, »das Automobil ist eine vorübergehende Erscheinung.«

Nach dem Willen der CDU-inspirierten Bürgerinitiative sollte das Berliner Wahlvolk an einem Frühlingssonntag den Lehrplan der Berliner Schulen kippen, und zwar an den Pro-Reli-Wahlurnen. Nach dem Lehrplan ist Ethik Pflichtfach für alle Schüler von der 7. bis zur 10. Klasse, Religionsunterricht dagegen ein freiwilliges Zusatzangebot. Die Chefideologen von Pro Reli hätten es lieber umgekehrt. Robert Zollitsch, den Vorsitzenden der katholischen Deutschen Bischofskonferenz, erinnert der Lehrplan »an kommunistische Zeiten«. Nach diesem Warnruf ließen die Bischöfe Huber und Sterzinsky panisch die Glocken läuten. Dem Ruf zum Widerstand folgten Vera Lengsfeld, Wolfgang Thierse, Kanzlerkandidat F.-W. Steinmeier, die Naturwissenschaftlerin Dr.

rer. nat Angela Merkel sowie weitere B-, C- und D-Promis der gottesfürchtigen Parteien CDU und FDP. Und Günther Jauch!

Ohne Günther Jauch läuft in Deutschland nichts. Als Pubertierender war er Ministrant und steht seitdem mit dem HERRN in direkter Verbindung. Darum ruht unbegrenzter Segen auf seinem Wirken. Täglich ein paar leere Worte, und das Konto ist gesund. Günther Jauch, Tausendsassa, Topmoderator, Produzent, Evententertainer, Sympathieträger, Schwiegersohn der Nation, Senkrechtstarter, glaubwürdig und bescheiden, authentisch, intelligent, integer, charismatisch. Mit der Goldenen Henne geehrt – damit auch die Hühner mal was zu lachen haben … Jauch – Werbeträger für die Telekom, für Quelle und Krombacher Pils. Jauch – Unternehmer mit einem Händchen für Immobilien. Gehört ihm schon ganz Potsdam oder erst die Hälfte? Hat er inzwischen Sanssouci angekauft? Kein Kommentar. Über sein Villen-Imperium kann keiner besser schweigen als er selbst. Einen Journalisten hat der Günther sogar vor Gericht gezerrt. Der wusste zu viel!

In der Pro-Reli-Aktion dagegen war Jauch zum Schaden seines sonoren Organs der Redseligsten einer, denn es ging um Gut und Börse, um Freiheit oder Untergang des Abendlands! In einer Materialschlacht ohnegleichen wurde die Frontstadt Berlin mit Kulturkampfpostern regelrecht tapeziert, optischer Höhepunkt: ein Monumentalplakat mit einem Monumentalpassbild von Günther Jauch. Streng schaute er uns an. Streng schärfte er uns ein: »In Berlin geht's um die Freiheit!« Und er legte eine zweite Drohung nach: »Sagen Sie nicht, Sie hätten keine Wahl gehabt!«

Am Wahltag fuhren die potenziellen Wähler ins Grüne, in Gottes schöne Natur, und ließen die Wahllokale rechts liegen. »Der Günther Jauch«, raunten sie beunruhigt, »wird noch so lange machen, bis der Liebe Gott aus der Kirche austritt!« Fazit: Außer Thesen nix gewesen. Pro Reli gescheitert, Gott sei Dank. Wer ist schuld? Ostberlin, wo die gottverdammten Heiden siedeln.

Am Tag danach stand Günther Jauch ohne Stimme da. Die überraschte Barbara Kastl musste im Millionärsquiz einen Großteil seiner Arbeit erledigen. Wie schön, dass er auch für diese gründlich misslungene Sendung sein Honorar empfing. Übrigens sackte die Kandidatin selbst einen Trostpreis in Höhe von 8 000 Euro ein. Und wer wird Milliardär? Richtig, Günther Jauch!

Jürgen Roth

Die Pfeife des Weltgeistes
Hans-Ulrich Jörges

Auf der publizistischen Giftliste weit oben steht ein gewisser Hans-Ulrich Jörges. Es heißt, er sei Mitglied der *stern*-Chefredaktion. Wir glauben das mal. Daneben bekleidet er als Autor der wöchentlichen Kolumne »Zwischenruf«, lanciert im bekannten Dösel- und Duddelnblatt von Gruner+Jahr, das Amt des größten ungestraften Unsinnsredners der Republik. Das soll sogar die britische *Financial Times* anerkannt und ihn 2006 zu den einflussreichsten Kommentatoren der Welt ernannt haben. Wos ois gibt.

Die Methode des Hans-Ulrich Jörges ist die Meinung, die er nachts in irgendeiner grunzhippen Prenzlauer-Berg-Bar hat (resp. ebenda auf dem Klo aufgelesen oder unterm Zapfhahn aufgeschnappt). Sie wechselt alle sieben Tage. Einen Stil hat er nicht – sieht man ab von zwanghaften Wortspielereien auf Baumschulkabarettniveau und einer verbeulten Metaphorik sowie einer verkrüppelten Syntax, die verdächtig nach Franz Josef Wagner (c/o *BILD*) mufft. *stern* und Springer, es ist heute wahrlich alles eins im Kainszeichen der »Welthirnjauche« (Karl Kraus).

Das erklärt Jörges – nach der Abwahl Gerhard Schröders im September 2005 – so: »Der Gesinnungsjournalismus der 70er Jahre ist tot, und die Hinterbliebenen peinigt der Phantomschmerz.« Die Hinterbliebenen sind diejenigen, die noch über Reste einer Haltung zur Wirklichkeit verfügen. Eine Haltung hat Hans-Ulrich Jörges selbstverständlich nicht – es sei denn vor dem Spiegel in der Maske, wo man ihn für seine seit Jahren nicht mehr zählbaren Talkshowauftritte zurechtspachtelt.

Die Welt spachtelt sich Hans-Ulrich Jörges wiederum nach jener Meinung zurecht, die in der Talkshow gut ankommt. So einen nennt man »Schmock« (Karl Kraus) oder »Gesinnungsjournalist« *(Eulenspiegel)*. Oder »ein Miraculum« (ebd.). Denn es ist schlechterdings wundersam und -bar, welche Plattheiten sich in diesem eminenten Topfkopf ständig zu gedanklichen Unwettern auswachsen. Man könnte auch sagen: jede Kolumne ein Denkmal der Dummheit. Doch wir wollen nicht untertreiben.

Schauen wir uns im Œuvre des Hans-Ulrich Jörges ein wenig

um. Erst paukt er schmachtend vor Vorfreude Angela Merkel ins Amt, und kaum ist sein Wunsch in Erfüllung gegangen, jault er: »Die Große Koalition braucht ein Herz. Einen Spirit. Eine Vision.« Nämlich jene der »Gewinn- und Kapitalbeteiligung von Arbeitnehmern«, denn »Angst, Ausgrenzung und ökonomischer Erpressung der Arbeitnehmer würden Engagement, Partizipation und Fairness entgegengesetzt«. Merke: Die »Heuschrecken-Furcht« sei das beherrschende Gefühl der Zeit.

Eine Woche später *(stern 47/2005)* legt Jörges unter der Überschrift – holla! – »Du bist Münte!« der Großen Koalition zur Last, »ihre Würfel« seien »zu klein […] für den großen Wurf«, und wirft seinerseits mit wummsigen Wortwirrnissen um sich: »Du bist Merkel. Du willst etwas anderes. Etwas Neues, etwas Großartiges, etwas noch nie Dagewesenes.« Wird schon so was sein. Allein, ein Absatz weiter: »Du bist Münte, bist die deutsche Sphinx. Du rufst heute: Reformen. Und morgen: Heuschrecken!« Also, ich nicht. Könnte aber jemanden rufen. Es sind bereits ganz andere eingeliefert worden.

In der nächsten Folge ist die noch vor zwei Wochen mit dem Elan des Utopisten angerufene Regierung am Ende, Ende, Ende. »Vor diesem Kabinett versagen alle Klischees und historischen Erklärungsmuster«, was Jörges nicht daran hindert, uns das alles ganz genau zu erklären. Etwa so: »Maggie Merkel? Dazu fehlen der Kanzlerin die Weichlinge im Kabinett wie der Waschlappen daheim.« Du bist Merkel? Du bist bescheuert.

So jedenfalls schmalzt, sabbert und schmiert er in dräuender und dröhnender Regelmäßigkeit vor sich hin, der Hans-Ulrich Jörges. Bekanntlich errechnete er im Mai 2006 mit seinem sehr speziellen Spitzen- oder Spatzenhirn, als Hartz-IV-Empfänger könne man bis zu »2000 Euro Sozialleistungen« abgreifen. »Der Kommunismus siegt – Arbeit wird verhöhnt, Nichtstun belohnt«, bölkte er durchs Land, sah »eine Tsunami-Welle« an Kosten anbranden und entdeckte eine »wahre Honigroute zum Kommunismus«, anstatt sich weiter um Angies Kartoffelsuppe zu kümmern (doch, über die hatte er da auch längst skribiert).

Im Juli des Jahres fiel ihm hinsichtlich der SPD die Formulierung ein, »dass der Gedanke an die Sollbruchstelle erstarrt ist«. Da er selbst nicht wusste, was das heißen sollte, griff der »Stimmungsmacher der Hartz-Republik« *(taz)* lieber auf eine vertraute »Diagnose« zurück: »Die Große Koalition ist am Ende, aber sie geht nicht zu Ende.« Weil sie nicht auf den Jörges hört. Deshalb: »Keine Erlösung für das unerlöste Land.« Und die Aussichten, in diesen raren Reflexionen einen lesbaren, vollständigen Satz mit Prädikat zu finden, schwinden obendrein.

Dafür überrascht uns Hans-Ulrich Jörges exakt einen Monat später *(stern* 32/2006) mit der Headline – na? –: »Das unerlöste Land«. Dass es endlich einer sagt! Und was für einer! Hatte Jörges vor knapp einem Jahr a) den »stillen Patriotismus« der meisten Kabinettsmitglieder belobigt, b) zwei Wochen zuvor allerdings beklagt: »Die Rufe der Politik nach Patriotismus bleiben fruchtlos«, stiefelt er jetzt – c) – mit der These in die vollen, Deutschland sei eine »Nation ohne Heilsversprechen« und ohne »echte Patrioten«, und allen voran – na, wer? –, allen voran: Angela Merkel weigere sich, im »Gehege ihres politischen Kleinmuts befangen«, patriotische Posaunen anzustimmen.

»Es ist ein Elend, dass der Hegelsche Weltgeist nicht Jörges liest«, merkt der PR-Berater Klaus Kocks an. Wir lesen weiter und erfahren jüngst, im Mai 2009, per Überschrift bei Jörges, dass »das Monster schmatzt«, gemeint: das Finanzimperium. Ähnliches war schon zum Auftakt des Jahres zu vernehmen gewesen: »Die Macht schmatzt« – so Jörges' Conclusio in einer Generalabrechnung mit der, tja, Großen Koalition (»Agenda 08 ungelöst«), in der Jörges plötzlich die »Altersarmut« und die Blockaden durch das »Fünfparteiensystem« geißelte und zugleich den »Volkskapitalismus« propagierte. (Denselben fand er abermals im Mai richtig prima – Formel: »Kapital für alle!«)

Da sich die Regierung Jörges' Forderung, rasch »abzutreten« *(stern* 28/2006 ff.), noch immer nicht zu Herzen nahm, schleuderte er wenig später ein »Zeit zu gehen, Herr Ackermann!« ins interessierte öffentliche Rund und beschloss seine Philippika: »Horst Köhler nennt das Finanzsystem ein Monster. Das lebt. Und schmatzt.« Jammjamm.

Ja, in Deutschland, der »traurigsten Baracke des Westens« (Jörges), ist 'ne Menge los – bzw. zwischen den sausenden Ohren des Hans-Ulrich Jörges. Das Fünfparteiensystem? Wir erinnern uns? Blockaden und so? Och nö! Zumindest bis vor kurzem »galt als ausgemacht, dass das Fünfparteiensystem neues Denken und geöffnete Fenster« zur Folge habe. Hätte Jörges' Schädel ein Dachfenster, man wollte nicht hineingucken.

Im »Land der Puppen« (Jörges) treibt ein besonders narrischer Kasper die »Schäfergümbelisierung der Gesellschaft« (Jörges) unbeirrt voran: Hans-Ulrich Jörges. Sein vorerst größter und behämmertster Coup: anlässlich der zufälligen Enttarnung des Benno-Ohnesorg-Mörders Karl-Heinz Kurras als SED-Mitglied und IM auf zwei ganzen *stern*-Seiten spekulativ herumzudelirieren und in Anbetracht des »gewaltigen, [...] blutigen Verwirrspiels der deutschen Geschichte« zu behaupten: »Die DDR hat nicht nur die Biografien der Ostdeutschen verwüstet, sie hat nun auch vielen Westdeutschen eine Teilbiografie verbogen und genommen. So wie mir.«

Es ist zum Greinen und zum Löffelverbiegen.

Kurzum: So lange geht uns Hans-Ulrich Jörges schon erbarmungslos auf den Zeiger, was könnte da für ihn sprechen?

Dass er Pfeifenraucher des Jahres 2008 ist.

Reinhard Umbach

Affenhitze

Jörg Kachelmann

Wenn wir schon geschwächt vom Schwitzen
vor den Spätnachrichten sitzen,
schlägt bei Treibhaustemp'raturen
auch die Stunde der Lemuren.

Dann kommt Leben in die Gitter,
und das Zauberwort »Gewitter«
öffnet hominiden Wesen
eine Tür zum Fernsehtresen.

Grüne Schirme sieht man tanzen
auf der Flucht vor dem Schimpansen
oder eine freche Maus
in ein Energiesparhaus.

Dann aber fängt das Wetter an
mit Alphatier Jörg Kachelmann …

Das fährt sofort die Arme aus,
lässt volles Rohr den Gibbon raus,
hüpft vor dem Wetter hin und her
und kennt den Intendant' nicht mehr.

Bananenleere Greifwerkzeuge
vollziehen aus der Knöchelbeuge
die wipfelradiale Bahn
wie nur beim Mantelpavian.

Dann wird gerudert und getaumelt,
vom Mittelmeer zum Pol gebaumelt.
Und baumfern und lianenlos
wirkt Affigkeit noch mal so groß.

Da hilft es auch nicht rumzuwischen
und Wolkenmassen aufzutischen.
Das Zahlendickicht ist zu dicht,
wenn sie ein Berggorilla spricht.

Auch Dieter Walch kommt aus den Tropen
und jagte früher Antilopen.
Jetzt ist er nicht mehr ganz so schnell,
und sichtbar lichtet sich sein Fell.

Doch tückisch blitzt sein Eckreißzahn
bei Worten wie »Tief Grobian«
und »ungeheure Regenmengen«,
die sich bald durch die Zimmer zwängen.

Dazu zeigt er auf rote Pfeile,
die sprichwörtlich in Windeseile
aus seiner alten Heimat stammen
und schon den Westerwald entflammen.

Kurz trauert er um das Geäst,
in dem sich nicht mehr klettern lässt.
Doch findet er die »Affenhitze«
natürlich irgendwie auch Spitze.

Dann aber ist die Sendung aus,
und ab geht's heim ins Affenhaus,
wo Kachelmann sich müde lümmelt
und letzte Wickertreste mümmelt.

Werner Rügemer

Das reichste deutsche Opfer
Susanne Klatten

Susanne Klatten ist seit ihrem 20. Lebensjahr und mit heute geschätzten 8 oder auch 9 Milliarden Euro Privatvermögen die reichste Frau Deutschlands. Noch längst nicht 50 Jahre alt ist sie bereits Trägerin des Verdienstkreuzes der Bundesrepublik Deutschland und des Verdienstordens des Freistaats Bayern. Worum hat sie sich verdient gemacht, was hat sie geleistet?

Ihre Leistung bestand zunächst darin, unschuldig die Tochter eines gewissen Herbert Quandt zu sein und einen großen Teil von dessen Vermögen geerbt zu haben. Neuerdings hat sie (sich) einen Seitensprung geleistet, durch den die bis dahin unbekannte junge Frau dem allgemeinen Publikum überhaupt erst bekannt wurde.

Nachdem sie also ohne Leistung viel verdient hatte, machte sie standesgemäß ein Praktikum bei der Deutschen Bank und studierte Betriebswirtschaft im schweizerischen Lausanne und in London. So wurde sie in dem Staat, der leistungsloses Verdienen mit höchsten Ehren auszeichnet, schon in sehr jungen Jahren das, was in einschlägigen Magazinen als »mutige Unternehmerin« bezeichnet wird.

Ein Soziologe namens Heinz Bude belobhudelte 2005 in »Die Zeit« das Ergebnis dieses deutschen Entwicklungsromans wie folgt: Susanne Klatten passe nicht in das romantische Muster von Aufstieg und Niedergang einer Unternehmerfamilie, wie etwa Thomas Mann es in den »Buddenbrooks« geschildert habe, nein, ganz anders, viel besser: Frau Klatten verkörpere »die Modernität des Modells Quandt«: Sie entwickle die Dynastie nüchtern weiter, sie »unterstellt sich der Aufgabe ihrer Herkunft. Sie ergreift die Initiative und kommt ihrer Pflicht nach. Sie erfüllt kein Schicksal, sondern setzt einen Neubeginn.«

Nüchternheit, Modernität, Pflicht der Herkunft, Neubeginn: Schön, nicht wahr? So rückte die junge Frau in den Aufsichtsrat der Altana AG auf. Sie gründete die Beteiligungsgesellschaft SKion. In diesem unbekannten juristischen Konstrukt, das inzwischen weitere Tochter-Briefkästen beherbergt, steckt Deutschlands größter femininer Reichtum: Anteile an der Automobilfabrik BMW, am Chemiekonzern Altana, am Windturbinenhersteller Nordex. Und einiges mehr.

Die Klatten zählt, so erzählt uns das Magazin *capital*, zu den mutigen Unternehmern, die »Geld in die Hand nehmen, die mitten in der Krise Zukäufe und Deals wagen, während andere Milliarden verlieren«. Gewiss, wenn sie eines gelernt hat, dann ist es das: Geld in die Hand nehmen. Diesen nüchternen Handgriff beherrscht sie, das ist Familientradition. »Den Boulevard beschäftigt noch die Gigolo-Affäre, da schlägt die Quandt-Erbin wieder zu. Wie immer gezielt und geräuschlos. Sie erwirbt für 300 Millionen Euro fast 8 Prozent an dem Grafithersteller SGL. Klatten will auf 25 Prozent aufstocken – und sucht weitere Techfirmen.« Mal eben 300 Millionen in die Hand nehmen, gezielt und geräuschlos zuschlagen – während der Plebs mit der Gigolo-Affäre abgespeist wird.

Ja, also der Gigolo. Da erwies sie sich ebenfalls als mutig, nüchtern, modern, pflichtbewusst und setzte einen Neubeginn. Neben bzw. wegen ihrem geräuschlos-gezielten unternehmerischen Zuschlagen und neben bzw. wegen ihrer Unternehmer-Ehe mit den drei Kindern ist sie aus verständlichen Gründen der Liebe bedürftig. So entspannte sie sich – wie andere Damen ihres Milieus – in einem Innsbrucker Kurhotel der High Society mit einem gewerbsmäßigen Gigolo aus einer italienischen Mafiagruppe. Sie habe diesen Hintergrund erst nicht erkennen können, sagte sie später, was sie ganz gewiss ehrlich meint und was wir ihr unbesehen glauben dürfen.

Sie nahm neben dem, was sie mit ihm in diversen Hotels als Liebe bzw. in die Hand nahm, auch hier Geld in die Hand: Sieben Millionen Euro etwa hinvestierte sie in ihren Kurzzeit-Liebhaber, sozusagen aus der Seitensprung-Portokasse, gewiss aus versteuerten Beständen. Erst als er mit der Drohung, intime Fotos zu veröffentlichen, eine zweistellige Millionensumme erpressen wollte, beendete die sündige Susanne die Beziehung, verklagte ihn nüchtern wegen Erpressung und setzte einen Neuanfang. Der Richter, der den Gigolo zu sechs Jahren Haft verurteilte, begründete das milde Urteil damit, dass auch bei der Milliardärin und ihren drei weiteren Liebes- und Leidensgenossinnen »eine gewisse Leichtfertigkeit nicht verkannt« werden könne.

Die leichtfertige Bundesverdienstkeuzlerin stilisierte sich für ihren Gang zu Gericht öffentlich als Opfer. Der *Financial Times* gegenüber erhöhte sie sich als feministische Vorkämpferin für alle Frauen bzw. Unternehmerinnen, die in Kurhotels der High Society offenbar häufig in ähnliche Lagen kommen: »Du bist jetzt ein Opfer, und du musst dich wehren. Ich wehre mich jetzt im Namen aller Frauen meiner Familie. Und im Namen vieler anderer Frauen auch.« Die Opfer-Frau winselte sich betroffenheitsduselig ins Menschliche: »Es verletzt mich, wenn ich immer nur im Maß des Geldes gemessen werde. Ich möchte aber als Mensch gesehen werden.« Sie möcht ein Mensch sein, fast glaub ich's ihr. Aber sie schafft es nicht.

So mutig, nüchtern und neubeginnig gab sich Frau Klatten in anderer Hinsicht nicht. Die Quandts haben ihren Reichtum seit dem Ersten Weltkrieg in der Rüstungsindustrie verdient und damit auch schon manchen Verdienstorden. Großvater Günther Quandt bespendete seit 1931 die NSDAP, gründete Briefkastenfirmen in Liechtenstein und mehrte als Wehrwirtschaftsführer den Familienreichtum noch schneller als zuvor. Er reichte den Reichtum schuldlos an seine Söhne weiter, darunter an Herbert Quandt, der den Reichtum an Tochter Susanne weiterreichte. Die Vermehrung des geerbten Reichtums hatten u. a. Kriegsgefangene und Juden in der Akkumulatoren-Fabrik Hannover-Stöcken geleistet, die der Großvater sich nüchtern und modern von der SS für vier Reichsmark pro Tag liefern ließ.

Susanne Klatten verweigerte sieben Jahrzehnte später jegliche Aussage für die TV-Dokumentation »Das Schweigen der Quandts«. Sich selbst als Opfer eines Gigolos erkennen, das kann sie. Die Opfer ihres Reichtums erkennen, das kann sie nicht. Sie ist ewig schuldlos. Als Vorbild der Uneinsichtigkeit kann sie sich auf Magda Quandt berufen, die dem NS-Großvater Günther weglief, um den aufstrebenden Gauleiter Joseph Goebbels mutig, nüchtern und neubeginnig zu heiraten und dann ihre sechs NS-Vorzeigekinder mit in den Tod zu reißen, Opfer der Russen.

Die reichste Frau Deutschlands ist nicht dafür bekannt, in ihren Unternehmen die Demokratie zu fördern oder sich Gedanken über die Opfer ihres Reichtums zu machen. Aber sie fördert Politik, was bekanntlich, auch in der Familie Quandt, nicht dasselbe wie Demokratie sein muss. Sie tut es aus Pflicht gegenüber der Herkunft, mit nüchternem unternehmerischem Kalkül, in der Modernität des Modells Quandt. Die sündig-unschuldige Susanne ist Deutschlands größte Einzel-Bespenderin politischer Parteien. Sie bespendete die christianisierte Ostfrau Angela Merkel für den Wahlkampf 2005 mit immerhin 120 000 Euro. Die zwei kapitaldienlichsten Parteien bespendete sie zwischen 2002 und 2008 mit immerhin 845 000 Euro, 610 000 Euro für die CDU und 235 000 für die FDP. Ziemlich viel, nicht wahr? Einerseits. Andererseits ist das gerade mal ein Achtel der sieben Millionen, die die reichste Frau Deutschlands für einen Kurzzeit-Gigolo zahlte. Damit sich keiner über die Verhältnisse täuscht, die hier herrschen bzw. frauschen.

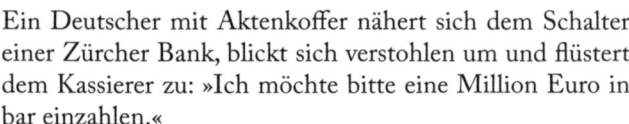

Ein Deutscher mit Aktenkoffer nähert sich dem Schalter einer Zürcher Bank, blickt sich verstohlen um und flüstert dem Kassierer zu: »Ich möchte bitte eine Million Euro in bar einzahlen.«
Kassierer: »Sie können ruhig laut sprechen, mein Herr, bei uns in der Schweiz muss sich niemand seiner Armut schämen.«

Matthias Biskupek

Auf dem Direktorensessel
Hubertus Knabe

»Fleischlich bist Du gezeuget in der DDR – und zum lebenden Beweis des real existiert habenden DDR-Fleisches bist Du geworden«. Dieser marxistische Bibelspruch kann über dem bisherigen Leben eines der bübischsten Bundesbürger stehen. Knabe ist sein Geschlecht. Hubertus, Bezeichnung für die Jägers des verlorenen Verstandes, lautet sein Taufname.

Als der kleine Hubertus noch Quark im Schaufenster war, wie man einst despektierlich sagte, breitete sich um ihn herum endlose, öde, volksverwirtschaftete DDR aus. Doch im Bauch seiner Mama überwand er bereits 1959 Grenzen. Von Ost nach West ging des Knaben wilde, verwegene Jagd. Und als er endlich in Unna das unzensierte Licht der Welt erblickte, hing er doch immer noch mit der Nabelschnur an jenem Staat, der dreißig Jahre später sein Schicksal werden sollte: die Unrechtsrepublik. Der kommunistische Staat aller Antisemiten, verschwiegenen SS-Leute, Gesinnungsschnüffler und Hohenschönhausen-Folterer. Die Spitzeldiktatur. Das Massenmörderland, in dem der Holocaust der Seelen praktiziert worden war.

Doch zunächst war er viele Jahre lang ein sanfter, braunäugiger Junge mit mildem Stimmchen, der für Pazifismus, grüne Speisegebote und ein Ostfrauchen schwärmte. Er sprach im üblichen Politikkauderwelsch von »Möglichkeiten und Grenzen gesellschaftlicher Problemartikulation« und bekam für diese Substantive einen Doktorhut. Kaum aber hatte er wie Jesus das berühmte dreißigste Jahr erreicht, folgte seine Erweckung. Die DDR kam auf ihn zu, von dessen Fleisch er doch war. Die Mauer brach, die Massen schwemmten herüber, und Hubertus marschierte mutig, wie fortan immer in seinem weiteren Leben, gegen den Geist. Er bekam einen Sessel zur Erforschung der Unrechtsdiktatur im Hohen Hause des Joachim Gauck. Doch auf diesem Sessel hielt es ihn nicht oft, denn er sprach allüberall wider das Unrecht der Vergangenheit, wie eine Tageszeitung beschrieb: »Die Stimme klagend, der Ton moralisierend, das Kinn nach vorn geschoben.«

Das wollte seinem Dienstherrn irgendwann nicht mehr gefallen, und so bestieg Dr. Knabe kurz nach der Jahrtausendwende einen eigenen Direktorensessel. Er wurde Nachfolger des Leiters des Stasi-Untersuchungsgefängnisses in Hohenschönhausen und sah aus dessen Perspektive von hoch droben auf Verwahrräume und Foltergefängnisse herab. Und weil er so oft Spitzelberichte in den Akten studierte und deren Diktion auf ihn abfärbte, wurde er selbst zum immer fleißigeren Ausforscher. Eine Berliner Zeitung hatte 2006 einen bösen Bericht über ihn geschrieben. Nun suchte er so lange, bis er die Akten des leitenden Redakteurs fand. Die waren zwar bekannt, der Redakteur hatte längst seine einstigen Zuträgerdienste bekannt und um Vergebung gefleht, welche ihm huldvoll von seinem Chef gewährt worden war. Doch Hubertus, der hasserfüllte Heißsporn, der Herausfinder aller Helfershelfer, ruhte nicht, bis die Zeitung ein Blattschuss traf. Und so werden all seine Kritiker alsbald durch jenes Gift vernichtet werden, das der DDR-Gezeugte Knabe aus den Akten der Mielke-Mannen saugt.

Durch die Folterhöhlen des Unrechtsregimes lässt dessen Verweser derzeit lehrreiche Exkursionen machen, zeigt den massenhaft ein- und ausgeschleusten Buben und Mädels die Instrumente, dass die ein Grusel ankömmt. Doch bis heute kann man den Besuchern nur schwer begreiflich machen, was für Menschen jene blinden Anhänger des DDR-Systems waren. Menschen, die im Unrechtsstaat allzeit ihrer ideologischen Richtschnur folgten. Typen, die keine andere Meinung als die eigene gelten ließen, die als Dogmatiker ebenso wie als Inquisitoren brillierten, die verbissen Andersdenkende überschrien, die christliche Werte wie Barmherzigkeit nicht kannten, die ihr Weltbild, wie sie sagten, »mit kühlem Kopf, heißem Herzen und sauberen Händen« durchzusetzen versuchten.

Aber an und auf der Spitze der Hohenschönhausener Gedenkstätte lebt es. Ein realistisches Exponat dieser Spezies: Dr. Hubertus Knabe. »Fleischlich bist Du gezeugt in der DDR – und zum lebenden Beweis des real existiert habenden DDR-Fleisches bist Du geworden«. Was nicht zu beweisen sein wird.

Kurt Wünsch

Ein Redner in Berlin
Horst Köhler

»Meine lieben Berliner, hört auf meine väterliche Stimme und vergesst, was war, so wie ich es vergessen will.« So sprach der preußische König Friedrich Wilhelm IV. am 19. März 1848 nach den revolutionären Ereignissen in der Hauptstadt.

Viele haben nach der Majestät in Berlin ihre Stimme erhoben, doch keiner von ihnen wieder so väterlich wie Bundespräsident Horst Köhler.

»Berliner« heißen die welthistorischen Reden schon seit 1997, als das damalige Staatsoberhaupt, Roman Herzog, damit anfing.

Aber erst Horst Köhler verschaffte ihnen allgemeine Aufmerksamkeit. Wann immer sie auf den Bildschirmen angekündigt werden, unterbrechen die Menschen ihre Tätigkeit, werden Kinder und Großväter zur Ruhe und Achtsamkeit ermahnt. Und wenn Köhler geendet hat, blicken viele Zuhörer zuversichtlicher in die Spiegel.

Seine Worte verleihen stets Kraft, und wenn er, wie am 24.4.2009 vor »Panik und sozialer Unruhe« warnt, rollen viele ihre Plakate wieder ein und beschließen, doch nicht protestierend auf die Straße zu gehen.

Der Bundespräsident versteht es wie kein Zweiter, die Finger auf offene Wunden zu legen und energisch Heilung einzufordern. Erinnert sei an seine erste »Berliner« am 21.9.2006 in der Kepler-Oberschule Berlin-Neukölln, wo er es »eine Schande« nannte – und damit viele Politiker zum Reden über das gleiche Problem ermunterte –, »dass arme Kinder in Deutschland meist auch ärmliche Bildungschancen besitzen«.

Unser Staatsoberhaupt spricht selbstverständlich nicht nur einmal pro Jahr. Regelmäßig ruft er unter anderem zum Spenden für die Hungernden in der Welt auf, teilt uns mit, dass »vielen das Notwendigste zum Leben fehlt«. Er tut es so herzgewinnend, dass nur besonders Hartgesottene hinterher nicht spontan einen Überweisungsauftrag ausfüllen. Alle Gelegenheiten nutzt der Bundespräsident; für Kinder, Feiernde, Trauernde, Diplomaten und einfache Bürger findet er stets die richtigen Worte, ermuntert, weckt

Hoffnungen, verbreitet Optimismus und vermittelt väterliches Miteinander.

Höhepunkte aber bleiben die Ansprachen aus der Hauptstadt, deren vierte am 24.3.2009 ausgestrahlt wurde. Wieder einmal wurden Millionen Mitbürger nicht enttäuscht. Erneut bewies Horst Köhler analytisches Genie und sicheren, in die Zukunft weisenden Blick, als er beispielsweise feststellte, dass »die Arbeitslosigkeit in Deutschland wahrscheinlich steigen wird und es einen Autohersteller gibt, der in Schwierigkeiten steckt«.

Besonders sachkundig formulierte er seine Abrechnung mit denen, die die Krise herbeigeführt haben. Unmissverständlich klagte er an: »Bis heute warten wir auf eine angemessene Selbstkritik der Verantwortlichen. Von einer angemessenen Selbstbeteiligung für den angerichteten Schaden ganz zu schweigen. Die Krise zeigt uns: Schrankenlose Freiheit birgt Zerstörung. Der Markt braucht Regeln und Moral.« Schade, mag an dieser Stelle mancher Zuhörer gedacht haben, dass der Herr Bundespräsident nicht Direktor des IWF geblieben ist, weil er in diesem Amt sicher den Zusammenbruch der Finanzmärkte verhindert hätte.

Er erinnerte sich an diese Zeit so: »Es war in Prag im September 2000. Ich war neu im Amt als Geschäftsführender Direktor des Internationalen Währungsfonds, die Entwicklung auf den Finanzmärkten bereitete mir Sorgen.«

Ja, sehr schade, denn wenn Köhler sich »Sorgen« macht, dann weiß er auch, was getan werden muss. Viele ehemalige Banker nennen sich inzwischen auf seine Anregung hin nicht mehr Banker, sondern wieder Bankiers, oder gingen nach seinen Anklagen reumütig zur Beichte.

Nicht nur über die Finanzwelt wusste der Bundespräsident in seiner letzten Rede viel Neues und Interessantes mitzuteilen, sondern auch über die Gefahren, die der Welt infolge einer bevorstehenden Klimakatastrophe drohen, und völlig richtig konstatierte er: »In Deutschland steht unsere Regierung vor schwierigen Abwägungen und Entscheidungen.«

Aufbauend waren auch Köhlers Worte über Gerechtigkeit, Solidarität und Glück.

»Was ist Glück?«, fragte er und beantwortete diese Frage nach kurzer Pause so: »Ich finde, wir sollten uns neue Ziele setzen auf unserer Suche nach Erfüllung ... Sparsamkeit soll ein Ausdruck von Anstand werden.«

Richtig! An diesen Worten werden sich vor allem Arbeitslose, Kleinrentner, Alleinerziehende und Hartz-IV-Empfänger aufrichten.

Nein, unser Bundespräsident ist weder ein Schurke, noch wird ihn jemand ernsthaft Halunke oder Verbrecher nennen. Nein! Nein! Er ist ein Redner. Ein Berliner Redner. Und wir Zuhörer vergessen bei seinen Worten gern, »was war«. So wie auch er vieles vergessen hat.

Seit dem 23.5.2009 steht er erneut an der Spitze der Republik, und nach der Wiederwahl nannte er uns »liebe Landsleute«.

Kennen Sie die Steigerungsform von Kohl?
Köhler.

Peter Köhler

Das Bambi
Kristina Köhler

Ganz Deutschland spitzte die Augen, als Ende November 2009 in Berlin eine neue, blütenreine Ministerin zur Welt kam. Wer in seinem grauen Oberstübchen eine Ecke für Politik freihält, wird sich an jenen strahlenden Tag erinnern: Kaum dass die schwarz-gelbe Regierung vom Band gelaufen war, hatte Franz Josef Jung seinen Sessel in den Wind schreiben müssen; im Kabinett, wo der kastenförmige, speckbesetzte Mann seit vier Jahren vor Anker lag und mit dem Schwergewicht seiner Anwesenheit den Raum gekrümmt hatte, schwebte wie auf leichten Federn die rehäugige, von zarter Haut ummantelte Kristina Köhler ein und ließ sich mit zierlichen Hufen am Tisch nieder, wo ein Platz für die frische, noch vollständig unbefleckte Familienministerin reserviert war.

Was aus Jung geworden ist, weiß niemand. Dass der stämmige Mensch, wie seit Jahren hinter vorgehaltener Faust gemunkelt wurde, nur äußerlich intakt, inwendig aber längst baufällig war, wurde in der Tat bereits seit Jahren hinter vorgehaltener Faust gemunkelt. Die Generäle verachteten den schlappen Zivilmenschen, der nie einen Feind aus der Nähe gesehen, geschweige denn erlegt und ausgestopft hatte. Bei der kämpfenden Truppe war er trotz seiner mächtigen körperlichen Erscheinung als Sexsymbol nie richtig angekommen.

Nach derzeitigem, noch von keiner Eilmeldung aufgeweichtem Kenntnisstand wurde Jung weder in einer Sammelstelle für Expolitiker abgegeben noch in einem Altministercontainer gefunden. Auch von einer Zweitverwertung seiner Person als Berater in der Wirtschaft ist nichts bekannt. Selbst vom Rheingauer Weingut seiner Bruders ist nichts zu hören, wo demnächst ein bemerkenswerter, in über 50 Jahren Lagerung gereifter Wein abgefüllt wird von blutroter Farbe, mit vollem Körper und etwas schmierigem Bukett.

Auch von Kristina »Bambi« Köhler wusste wochenlang niemand, was aus ihr geworden war. Man konnte nur hoffen, dass sie weiterhin lebte und sich mit den hohen Tieren vertrug, darunter Angela »Kuhauge« Merkel, Ursula »Frettchen« von der Leyen,

Guido »Waran« Westerwelle und nicht zuletzt der kätzchenhafte Philipp »Minzi« Rösler, der im Haifischkäfig der Politik ihr Verbündeter hätte sein können – wenn er es denn hätte sein können, nachdem sie ihm den Rang als jüngstes Küken in der Regierung abgeknöpft hatte: Mit 32 ist sie vier Jahre leichter als Rösler, der bereits 36 Kalenderumdrehungen auf die Waage bringt. Gerade bei den männlichen Wählern dürfte sie damit als Vorlage besser geeignet sein.

Indes sollte sich niemand durch Kristina »Rehkitz« Köhlers Äußeres ins Bockshorn jagen lassen. Sie scheint von Kosen, Kuscheln und Streicheleinheiten zu leben, doch auf dem Grund ihres Wesens ist sie bis an die Haarspitzen mit Stacheln bewehrt. Als Nesthäkchen, das einen zwölf Jahre älteren Bruder besitzt, ist sie es seit ihrem nullten Geburtstag am 3. August 1977 gewohnt, dass jeder nach ihrer Nase tanzt und sie ihren Willen serviert bekommt: Von allen Seiten gehätschelt, bewältigte das Unschuldslämmchen in seiner Heimat Wiesbaden nacheinander die Häschenkrippe, die Rehlein-Grundschule sowie das Biene-Maja-Gymnasium und machte im benachbarten Mainz an der Schneewittchen-Universität sogar den Mäusedoktor im Spielzeugfach Politikwissenschaft mit dem Thema »Wenn ich jetzt mit 32 nicht endlich den Doktor kriege, schreie ich«.

Da hatte das scheinbar scheue Reh Kristina Köhler, das mit 14 in die Junge Union getapst, mit 15 in den Kreisvorstand gehoppelt, mit 17 in die Erwachsenen-Union gehüpft, mit 18 in den Bezirksvorstand gesprungen und mit 25 in den Bundestag gerauscht war, längst gezeigt, dass, wer sich von dem Täubchen täuschen ließ, sich bald in Säure eingelegt wiederfand. Sie demolierte Steinmeier im berühmt-berüchtigten BND-Irak-Untersuchungsausschuss und schrumpfte Heidemarie Wieczorek-Zeul ein, der sie das Wiesbadener Direktmandat mit kühlen Fingern entwendete. Als Nächster war Staatssekretär Ole Schröder dran, der wie sie in der CDU lebt und den sie nach acht Jahren in der Warteschleife Anfang 2010 heiratete, um ihr Dasein jetzt mit den notwendigen Kindern aufzufüllen, denn Kristina »Rehkuh« Köhler weiß, was sich als Familienministerin gehört.

Im wohlproportionierten Bürgertum aufgewachsen, abgeschirmt von den verlausten Gesellschaftsschichten und nicht stubenreinen Stadtvierteln, atmete sie den Geist der besseren Kreise schon im Strampelhöschen ein und lebt nun als erwachsene Schnecke vor, welche Verheerungen goldener Wohlstand und fürsorgliche Erziehung bewirken: Konformismus dick wie ein Brett und in der gestriegelten Birne ein Weltbild, in dem die Gesellschaft mit einer Gemeinschaft verwechselt, ja sogar – es passt wie das Amt auf den Eimer – als Familie betrachtet wird, wo man nicht jeden mögen muss, aber alle zusammenhalten, damit es Kristina Köhler gut hat. Wer nicht mitmacht, ist doof, bis in die Eier links oder muslimisch oder jedenfalls nicht porentief deutsch und gehört nach ihrer eisernen Auffassung zwischen die Zähne des Verfassungsschutzes. Als Inbild des modernen weiblichen Spießers ist … nein, der Artikel gleitet in den finsteren Sumpf der Ernsthaftigkeit ab. Darum: Schluss mit Kristina »Rehbraten« Köhler!

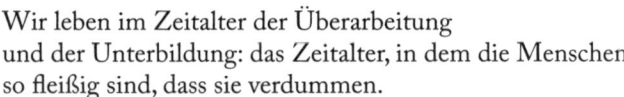

Wir leben im Zeitalter der Überarbeitung
und der Unterbildung: das Zeitalter, in dem die Menschen
so fleißig sind, dass sie verdummen.
Oscar Wilde

Ernst Röhl

Pappnase der deutschen Einheit
Günther Krause

Yesterday all my trouble seemed so far away … Diesen Beatles-Ohrwurm spielte CDU-Blockflöte Professor Dr. Günther Krause, als er noch Bundesverkehrsminister war, oft und gern auf der Orgel. Und das gar nicht mal schlecht, wenngleich kein Mensch überhören konnte, dass die Tonkunst seine größte Stärke nicht war. Damals schien der Ärger noch so fern zu sein …

Bald aber kam es knüppeldick. 1990 bot der letzte DDR-Ministerpräsident de Maizière ihn als Unterhändler bei den Verhandlungen um die deutsche Einheit auf. Mit der Einheit hatte er dann aber nur herzlich wenig zu tun; es war Schäuble, der in Gestalt von Krause den Einigungsvertrag mit sich selber abschloss. »Der Einzige von drüben, dem man nichts mehr zu erklären braucht«, schwärmte Wolfgang Schäuble verliebt.

Krause war tatsächlich zu jeder Schandtat bereit. Sogar ein ehrgeiziges musikalisches Ziel hatte er. »Wir wollten«, erinnert er sich in ostalgischen Momenten, »dass der Text der DDR-Hymne als zweite Strophe des Deutschlandlieds gesungen werden sollte, daraus wurde leider nichts.« So belanglos dieser Misserfolg zu sein scheint, er wurde zum Startschuss für eine glänzende Wende-Karriere mit Pleiten, Pech und Pannen.

Die Medien, wie stets fasziniert von überdurchschnittlicher geschäftlicher Energie, verklärten Krause zum Hoffnungsträger des Ostens. Bundeskanzler Kohl erkor ihn zum Verkehrsminister. Das war ein mit 27 000 D-Mark ganz ordentlich dotierter Posten, von weiteren Verdiensten und Nebenverdiensten ganz zu schweigen. So viel immerhin wusste er vom Verkehrsgeschehen: Wer gut schmiert, der gut fährt. Kaum im Amt, verscheuerte er alle ostdeutschen Autobahnraststätten und das komplette Tankstellennetz samt Leuna-Raffinerie. Vorwürfe, hierbei seien Wahnsinns-Schmiergelder gezahlt worden, wies er für seine Person standhaft zurück.

Bei den Reichen, Schönen und Einflussreichen hatte sich aber schon herumgesprochen, dass auch dieser Verkehrsminister ganz schnell reich werden wollte. Doch zunächst gab es auf dem Weg nach oben einen Fehlstart. Er strauchelte über seine Putzfrau. Nicht dass er sie unchristlich bedrängt hätte, er hatte lediglich versäumt, sie pflichtgemäß aus der eigenen Tasche zu entlohnen. Er ließ ihr Wirken im krauseschen Haushalt lieber vom Arbeitsamt vergüten. Der Rücktritt folgte auf dem Fuße, und Krause kommentierte sein bitteres Los mit einer Verschwörungstheorie: »Ein Minister soll aus dem Kabinett Kohl herausgeschossen werden. Dass es einer aus dem Osten ist, hat besondere Bedeutung.«

Es spricht für seine eisernen Nerven, dass ihn dieser Karriereknick nicht entmutigte. Er nahm sich vor, von nun an als Banker und Immobilienhai – wenn möglich, legal – »viel, viel Geld zu verdienen«. Nun erst recht. Als 50-Prozent-Gesellschafter stieg er bei einer Kieler Privatbank ein. Er gründete eine Baufirma und versuchte, preisgünstige »Volkshäuser« zu bauen. Krause aus'm Osten – immer auf'm Posten. Seine Freunde in der Bayerischen Landesbank gewährten ihm einen fetten Kredit, den er bei halbseidenen Geschäften in den Sand setzte. Die Richter des Rostocker Landgerichts, vor denen er bald erscheinen musste, stellten fest, damit habe er Firmengelder veruntreut, der Schaden betrage 6 Millionen Euro, sogar Steuerhinterziehung und Betrug hielten sie ihm vor und verurteilten ihn zu drei Jahren und neun Monaten. Diesmal war er Opfer einer »gut organisierten kriminellen Veranstaltung« (Zitat Krause) geworden. Der neuen Verschwörungstheorie gemäß, legten seine Verteidiger Revision ein.

Inzwischen hatte das Schicksal ihn ständig im Visier. Seine Baufirma ging pleite. Er leistete den Offenbarungseid. Das Anwesen seiner Ehefrau, das als Banksicherheit gedient hatte, wurde für 1,7 Millionen versteigert. Besonders delikat war sein Job als »Berater« für den Aufsichtsrat der »IG Farben AG in Abwicklung«. Das einstige IG-Farben-Kartell hatte die Konzentrationslager des Dritten Reiches mit dem Tötungsgift Zyklon B beliefert, hoffte aber dennoch, alte Liegenschaften im Osten zurückerlangen zu können, etwa 150 Millionen Quadratmeter bebautes und unbebautes Land. »Herr Krause kennt Gott und die Welt«, hieß es bei der IG Farben in Abwicklung, »der kann uns unter Umständen Wege zeigen, die wir noch nicht gegangen sind.«

Dieses Vertrauen ehrte ihn, der finanzielle Ertrag indes blieb bescheiden. Längst war er Dauergast bei der Justiz, die ihm Betrug,

Untreue, Geldwäsche, Verdacht des Meineids, versuchte Steuerhinterziehung, Insolvenzverschleppung und Schädigung von Mitarbeitern nachsagte. Doch Gottes Mühlen mahlen langsam. Seiner Verteidigung gelang es, das Verfahren bis ins neue Jahrtausend hinzuziehen. Inzwischen allerdings sind – Überraschung! – so viele Freveltaten verjährt, dass das Landgericht Rostock ihn 2007 nur noch mit Mühe und Not zu vierzehn Monaten auf Bewährung verurteilen konnte. Seine volle Rehabilitierung ist programmiert; wir werden sie vielleicht nicht mehr erleben, aber unsere Enkel.

Denn Krause ist ein ehrenwerter Mann und randvoll mit revolutionären Ideen. Von Gottvertrauen erfüllt, gründete er im Weichbild der Stadt Brandenburg seine neue Firma IBP (Information, Beratung, Projektentwicklung), um Rumpelstilzchen auszustechen, das Stroh zu Gold spinnen konnte. Er ist fest entschlossen, Hausmüll so lange auszupressen bis Erdöl kommt – aus jeder Tonne Press-Müll 500 Liter Öl zu günstigen Preisen. Die Gutachter, die seine Werke preisen sollen, bildet er selbst aus, und zwar in einer Fachhochschule mit dem großfressigen Namen Preußische Akademie für Zukunftsentwicklung.

Krause (Künstlername: Prof. Dr. Allwissend) hat eine große Zukunft hinter sich. Er ist ein Tausendsassa. Ein Schlitzohr. Und ein freier Mann. Er hat 1990 bei null angefangen und heute schon 20 Millionen Euro Schulden.

Werner Rügemer

Graf Gierig

Matthias von Krockow

Kaum einer kennt sie: Sal. Oppenheim jr. & Cie. KGaA, die größte Privatbank Europas. Und Matthias Graf von Krockow ist ihr Chef. Der Zwei-Meter-Mann, der ohne feinste Nadelstreifen nicht ausgeht und gerne auf Tontauben ballert, eilte in den letzten Jahren von der Eröffnung einer neuen Filiale zur nächsten, zuletzt in der Finanzoase Lugano, wo Mafiosi und Millionäre sich Guten Tag sagen. In anderen Finanzoasen ist man schon länger vertreten, in Genf, Zürich, London, New York, Dublin, Wien und Luxemburg zum Beispiel.

»Unsere Zielgruppe sind die 10 000 reichsten Deutschen, die über 50 Prozent des gesamten Vermögens der deutschen Bevölkerung verfügen«, verkündete der gräfliche Baller-Mann. Zu den Kunden gehören die Spekulantenfamilie Schaeffler (Autozulieferungen), der rheinische Medienmonopolist Neven DuMont *(Kölner Stadt-Anzeiger, Mitteldeutsche Zeitung)*, Schuhverkäufer Deichmann, Madeleine Schickedanz (Karstadt/Quelle), Familie Riegel (Haribo), Autozulieferer Benteler, der Karstadt/Quelle-Herunterwirtschafter Thomas Middelhoff, nicht zu vergessen das Kölner Erzbistum unter dem Opus-Dei-Bekenner Kardinal Joachim Meisner.

Der Vorgänger des Grafen, Alfred Freiherr von Oppenheim, hatte zwei Leitsprüche: »Wenn Sie weniger als 5 Millionen haben, dann gehen Sie zur nächsten Sparkasse« und »Wir sind diskret, geheimer als geheim.« Die Bank hat keine Bankschalter. Die Kunden werden auf Terminabsprache von Dienern in diskrete Besprechungszimmer geleitet. Die Oppenheim-Aktien werden nicht an der Börse gehandelt, sie sind vor allem im Besitz von zwei verschwiegenen adligen Familienclans, derer von Oppenheim und derer von Ullmann.

Salomon Oppenheim begann als »Hofjude« des Kölner Fürstbischofs, seitdem hielt man sich bei allen Regimes ganz oben, bei Kaiser Wilhelm, bei Führer Adolf und bei den Politchristen. Die Bankteilhaber Pferdmenges und Graf Strasoldo managten in den 50er und 60er Jahren des 20. Jahrhunderts die heimliche Unternehmens-Bespendung der Adenauerschen CDU, der CSU und der FDP. 1983 steckte Alfred von Oppenheim dem Dr. Kohl für den Wahlkampf gegen die Sozis heimlich 1,3 Millionen zu, und für Kohls neuwestlich christianisiertes Ostmädchen gab die Bank 2005 die größte Einzelspende, noch vor den BMW-Aktionären Quandt und Klatten. Zu den Hausfreunden gehören Strategen der begrenzten Demokratie wie Henry Kissinger, Otto Graf Lambsdorff und Friedhelm Merz.

Wendehälsig näherte sich die Geheimbank unsittlich auch den lange geschmähten Sozis, als der Zeitgeist in diese Richtung wehte. Der sozialdemokratische Bundesbankpräsident Pöhl wurde 1992 für ein paar Jahre Oppenheim-Chef. Vor der Bundestagswahl 1998 richtete die Bank für einen gewissen Rudolf Scharping ein Vermögensdepot ein – nach der Wahl durfte die Bank für den SPD-Verteidigungsminister Scharping Bundeswehr-Immobilien privatisieren. Umsatz und Gewinn vermehrten sich während der rot-grün-gestützten Reichtumsbildung explosionsartig. »Die machen alles richtig«, lobte der Graf die rot-grün Lackierten. Der Graf stammt aus einem verarmten pommerschen Adelsgeschlecht und lässt sich dafür rühmen, während des Studiums seinen Lebensunterhalt »selbst verdient« zu haben. Offenbar braucht er das jetzt nicht mehr zu tun.

Auch den Standort Köln pflegt er standesgemäß. Der damalige SPD-Oberstadtdirektor Ruschmeier schwatzte der Stadt für zwei neue Rathäuser ungünstige 30-Jahres-Mietverträge mit dem Oppenheim-Esch-Immobilienfonds auf. Ohne Schamfrist holte der Graf den Ruschmeier nach dem Ende von dessen Amtszeit als gutdotierten Geschäftsführer zum Immobilienfonds. Der Skandal führte zur Abwahl der Sozis, während die Bank weitsichtig den Wahlkampf der Kölner Politchristen sponserte. Deshalb zog dann der CDU-Oberbürgermeister Schramma einen ähnlichen 30-Jahres-Vertrag mit Oppenheim-Esch für die neuen Messehallen durch. So kann die Bank parteiübergreifend drei Jahrzehnte lang den städtischen Haushalt plündern. Bei Verkäufen von Stadtwerken und kommunalen Wohnungen ist die Bank bundesweit ähnlich aktiv.

Graf Krockow gab bei Ausbruch der Finanzkrise den Kritiker: »Die Gier muss gestoppt werden!« Doch er hatte selbst mitgegiert.

Mit Derivate-Verkauf wurde prächtig verdient. Noch kurz vor der Krise hatte die Bank Oppenheim sich als drittgrößter Aktionär in die Industrie-Kredit-Bank (IKB) eingekauft. Kurz darauf war die IKB wegen ihrer giftigen US-Hypotheken, die sie über Briefkastenfirmen in der US-Finanzoase Delaware erworben hatte, pleite. Die Merkel/Steinbrück-Regierung rettete die Bank mit 10 Milliarden Euro. Die Bank Oppenheim stieg als Hauptaktionär in den Kaufhauskonzern Arcandor (KarstadtQuelle) ein. Der Graf selbst und weitere Oppenheim-Banker sind zugleich an Karstadt-Kaufhäusern beteiligt, die vom Esch-Oppenheim-Fonds an Karstadt vermietet werden. Die ungewöhnlich hohen Mieten hatten zur hoffnungslosen Verschuldung von Karstadt beigetragen. Der Graf ließ das Unternehmen gnadenlos pleitegehen, nachdem der Staat die geforderten Millionen diesmal nicht herausrückte. Der Bettler in Nadelstreifen hatte vorher immer eindringlich vor Staatseingriffen gewarnt: Todsünde! Aber Graf Gier ist zu solcher Todsünde bereit, wenn sie ihm selbst zugute kommt.

In ihrer diskreten Gier gründeten die Oppenheims unscheinbare Tochterfirmen namens Triton und Argantis. Von 20-Prozent-Renditen war die Rede. Diese Private-Equity-Investoren kauften nach Heuschrecken-Art lukrative Mittelstandsfirmen. Bei Kampa, Hersteller von Fertighäusern, erst 2006 aufgekauft, wurden 230 Arbeitsplätze abgebaut, bevor 2009 die restlichen 780 Beschäftigten in die Insolvenz geschickt wurden. Ähnlich erging es der Fensterbaufirma WERU.

Graf Gierig und seine diskreten Mittäter sind nervös geworden. Der Mythos der im Nationalsozialismus verfolgten jüdischen Bank gab zu Adenauers Zeiten noch Schutz vor Nachforschung und Kritik. Inzwischen wurde bekannt, dass die Bank für Hitler »kriegswichtig« und an Arisierungen beteiligt war. Die Europäische Kommission ermittelt wegen des Messehallen-Fonds, mit dem Esch-Oppenheim die Stadt Köln über den Tisch zieht. Der juristische Sitz der Bank wurde 2008 nach über 200 Jahren in Köln in die Finanzoase Luxemburg verlegt, wo unter dem Vorzeige-Europäer Juncker das Bankgeheimnis noch etwas gilt und die Justiz noch aufs diskrete Kapital hört.

Als Steueroasen wegen dem McKinsey-Schüler Zumwinkel ein bisschen in die Kritik gerieten, durfte Teilhaber Christopher von Oppenheim in der angeblich kritischen Süddeutschen Zeitung flöten: »Für uns spielen Steueroasen keine Rolle.« Doch die Bank ist in Liechtenstein, Mauritius, Panama, Delaware/USA, Dublin, Nikosia/Zypern, Schweiz, Luxemburg und auf den Cayman Islands tätig. Selbst die winzige Jungferninsel Tortola dient als Versteck. Als die Lüge in der online-Zeitung *www.nrhz.de* aufgedeckt wurde, ließen die Diskret-Banker eine einstweilige Verfügung androhen. Als das *managermagazin* über die »Bankiers der Superreichen« berichten wollte, drohte die Bank, deren Kommunikationschef Bernd Bauer von Bertelsmann kommt und die Kampagne »Wir sind Deutschland« managte, allein aufgrund der gestellten Fragen mit rechtlichen Schritten.

Mit einstweiligen Verfügungen überzogen die Diskret-Banker das Buch »Der Bankier. Ungebetener Nachruf auf Alfred von Oppenheim«. Es erscheint im vierten Jahr in geschwärzter Fassung. Inzwischen hob das Berliner Landgericht einen Teil der Schwärzungen auf. Den Grafen Gierig erwartet nun eine Strafanzeige wegen falscher eidesstattlicher Versicherung, hatte er doch unter anderem behauptet, seine Bank habe Bankschalter, entgegen der Darstellung im Buch. Das Gericht konnte keinen Beweis erkennen und hob die Verfügung auf. Auf falsche eidesstattliche Versicherung stehen bis zu fünf Jahre Haft. Graf Gierig hinter Gittern? Das wäre eine gute, aber gewiss keine ausreichende Maßnahme.

Nachtrag Januar 2010:
Im Laufe des Jahres 2009 entging die Bank Oppenheim dem Bankrott nur dadurch, dass sie von der Deutschen Bank zum Schnäppchenpreis aufgekauft wurde. Die vier persönlich haftenden Gesellschafter, darunter deren Sprecher Matthias Graf von Krockow, wurden Ende 2009 geschasst, auch nachdem die Finanzaufsicht geurteilt hatte, sie seien zur Führung einer Bank nicht geeignet; diese Beurteilung beruhte vor allem darauf, dass der adlige Teil der Chefs samt Ehefrauen sich von der Bank Kredite in Höhe von etwa 800 Millionen Euro, zudem zum Vorzugszins, genehmigt hatte. vgl. W. Rügemer: Die Lügen der noblen Bankiers, Ossietzky 2/2010.

Erhard Preuk

Die Erleuchtete
Vera Lengsfeld

Am 15. November 2009 äußerte die Menschenrechtlerin, DDR-Spezialistin und CDU-Politikerin im *Tagesspiegel*: »Den Hartz-IV-Empfängern geht es heute materiell besser, als es dem DDR-Durchschnittsverdiener trotz harter Arbeit je ging. Er kann Dinge essen, die den Ostblockbewohnern kaum dem Namen nach bekannt waren.«

Kann man es besser ausdrücken? – Hartz IV ist besser als DDR.

Frau Lengsfeld, ich verehre Sie! Endlich trifft mal jemand den Nagel auf den – Aua! Nein, es war doch der Kopf.

Unbestätigten Gerüchten zufolge hat Hamid Karzai Frau Lengsfeld nach Afghanistan eingeladen. Unter dem Schutz einer Burka soll sie den verstockten Afghanen erklären, warum es durchaus sinnvoll ist, wenn Hochzeitsgesellschaften oder andere zivile Ziele bombardiert werden. Ehrenvoll als Kollateralschaden zu sterben, ist doch allemal besser, als unter der Burka durch die Landschaft zu trampeln und womöglich Rauschgift anzubauen, oder?

Wenn die Reichen an die Armen denken, haben sie meist armselige Gedanken.

Jürgen Roth

Der Aufblasmichel
Philipp Mißfelder

Unter all den Wichtigtuern und Windbeuteln, die unsere mediale, ja hyperreale Realität unentwegt gebiert, unter all den Geistesstars und Politchamps, all den, genaugenommen, Deppen und Dauerblagen und Personalplagen nimmt Philipp Mißfelder (CDU, MdB, Wahlkreis Recklinghausen I) zweifellos einen Spitzenrang ein; jener gerade mal dreißig Lenze zählende römisch-katholische Kracher aus Gelsenkirchen, der es tatsächlich fertigbrachte, noch vor Vollendung seines 14. Lebensjahres in die Junge Union und zwei Jahre später sogar in die ganz große Christen-Union einzutreten. Dazu gehört schon was. U. a. ein obszönes Quantum an Selbstdarstellungssucht und der unerbittliche Wille zum Mit- und Rummischen in der trüben und trübsinnig stimmenden Welt der Parteiapparatpestilenzler, Postenerhascher und Parvenüs.

Philipp Mißfelder – ein gewaltiger Mann, doch. Gewiss. Bestimmt.

»Er ist auf dem Weg zum innersten Zirkel der Macht«, verbeugte sich die *Rheinpfalz* nach Mißfelders Wiederwahl zum JU-Chef im November 2008 vor dem Politkoloss in spe, implizit und begeistert auf diverse Parallelen zwischen Mißfelders Durchstechergehabe und den degoutanten Ränken und Schiebereien des einstigen Pfälzer Weltkanzlers Kohl hinweisend: »Mißfelder beherrscht nicht nur das Geschäft, Seilschaften und Netzwerke zur Absicherung der eigenen Position zu bilden. Er weiß auch mit der Medienöffentlichkeit zu spielen.«

Mißfelder? Ein kommender politischer Riese. Logisch. Klar. Hat er ja selbst gesagt, dem Reporter der *Rheinpfalz*, mit der ihm eigenen Bescheidenheit und Demut: »Schauen Sie sich genau an, wer hier mit wem kann und wer mit wem Probleme hat, dann werden sich Ihnen in zehn oder fünfzehn Jahren weniger Fragen stellen, wenn es um die Zusammenarbeit im Kabinett geht.«

Unter dem Kanzler Mißfelder, versteht sich. Da beißt die Maus kein Tau durch.

Allerdings, allerdings – zog der *Spiegel* ein halbes Jahr später (22/2009) mit einem mehrseitigen Porträt über den »Schattenmann« Mißfelder, Philipp nach; mit einem »Bericht über den Zustand des Menschen in der Politik«, in dem zwar Erwähnung fand, dass Mißfelder in Sachen Weinvernichtung und Tortenzufuhr und Schnapsdegustation durchaus imposante Kohlsche Steherqualitäten unter Beweis zu stellen vermag, der darüber hinaus indes kaum Anlass zur Freude gewesen sein dürfte. Für Mißfelder, Philipp, den so zielstrebig wie kein Zweiter in den Olymp der Quälgeister aufgestiegenen Politbrocken von der Ruhr.

»Er ist 29 Jahre alt und hat 16 Jahre Politik auf dem Buckel«, schrieb Dirk Kurbjuweit und rekonstruierte dann Mißfelders Karriere als »eine Geschichte über Anpassung und Auflehnung, denn dies ist der große innere Kampf des Philipp Mißfelder«, jenes musterhaften Belegs für Adornos These, dass die Jugend im Spätkapitalismus verheerende Züge der Frühvergreisung zeige.

Es kommen einem die Tränen – angesichts der »vielen Demütigungen durch Angela Merkel«, angesichts eines »Grinsens, das irgendwie steckenbleibt«, angesichts der »Langeweile«, die Mißfelder bisweilen befalle, angesichts des offenbar pathologischen Bedürfnisses, mit drei Mobiltelefonen auf einmal zu hantieren (»Mißfelder kommuniziert praktisch pausenlos«), ja, zumal angesichts der »Morddrohungen«, die Mißfelder erhalten habe, nachdem er am 3. August 2003 in einem Interview mit dem *Tagesspiegel* geäußert hatte, es sei »nicht nachvollziehbar, ›wenn 85-Jährige noch künstliche Hüftgelenke auf Kosten der Solidargemeinschaft bekommen‹. Früher seien ›die Leute auch auf Krücken gelaufen‹.«

Nun, diese hinterher irgendwie unangenehme Sache mit all dem gerontokratischen Schrott in unserer feinen Gesellschaft hatte der geborene Opportunist und Schleimer Mißfelder, Philipp spätestens 2008 wieder wettgemacht, indem er gemeinsam mit dem Bundesvorsitzenden der Senioren-Union, Otto Wulff, den CDU-Initiativkreis »Zusammenhalt der Generationen« gründete; und indem er im Februar des nämlichen Jahres die Erhöhung des Hartz-IV-Kinderregelsatzes als »Anschub für die Tabak- und Spirituosenindustrie« schönredete, flankiert durch die Anregung, den Sozialparasiten statt Bargeld Essensgutscheine auszuhändigen. Oder Pfälzer Weinflaschen und badische Tabakballen.

Dieser »sozialdarwinistische Politschnösel«, befand das NDR-TV-Magazin *extra3*, »sondert so viel geistigen Unrat ab, dass man ihn auch den Güllebubi der CDU nennen kann«. Kann man so sehen. Und im Grunde genügt es, einem seiner Auftritte im Bundestag (wo er etwa Maßnahmen erörtert, »um dem Klimawandel entgegenzukommen«) oder in einer x-beliebigen Talkshow zu lauschen – Sprache als Rauschen, als bubbelnd sich blähendes Blabla von Kohlschen Gnaden, als Bankrotterklärung jenes Sozialtypus, den man gemeinhin bündig so charakterisiert: keine Ahnung und Riesenklappe.

Mehr ist da – letztlich – nicht. Nichts außer einem durch und durch kriecherischen, ehr- und skrupellosen Eitelkeitssack, der den »Extremberuf Politiker« laut Dirk Kurbjuweit wie folgt ausübt: »Mißfelder will ins Fernsehen, aber er will sich mit niemandem anlegen.« Was er sagt, sei »das absolute Nichts«. Oder: »Dies ist ein kleiner, mieser Politikersatz.« Oder: »Mißfelder ist gerade im Modus der Totalanpassung.« Heißt: »Er ist jetzt zu jeder Heuchelei bereit.«

Bitte sehr – Philipp Mißfelder, der designierte Gigant der CDU. »Ich gehe gern auf Parteiveranstaltungen«, sagt er. Er sagt: »Ich habe kein Programm, keine Vision.« Er sagt: »Ich bin Machtpolitiker.«

Kurbjuweit schreibt: »Es gibt wohl keinen Politiker, der sich so schamlos zu seiner Inhaltsleere und seinen Machtträumen bekennt wie Philipp Mißfelder. Er ist Spezialist für Kommunikation, für nichts anderes«, und als solcher wird er doch viel eher in Indien oder in China gebraucht.

Aber wir wollen anderen Völkern nichts an den Hals wünschen.

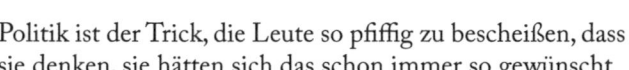

Politik ist der Trick, die Leute so pfiffig zu bescheißen, dass sie denken, sie hätten sich das schon immer so gewünscht.

Edgar Külow

Der Mohren hat seine Schuldigkeit getan
Wilfried Mohren

Man sagt im Nachinein: Was der Jürgen Emig in Hessen verbrochen hat, reicht ja nun völlig aus, um die ARD mächtig bloßzustellen. Aber es kommt noch dicker. Wir haben in Sachsen beim mdr den Fall Mohren.

Nach monatelangen Diskussionen um Schleichwerbung und Schmiergeldaffären wurde der Geschäftsführer der Produktionsfirma Bavaria-Film Thilo Kleine von den Gesellschaftern, zu denen auch vier Rundfunkanstalten zählen, fristlos entlassen. Die Bavaria bestätigte Schleichwerbung für fast 1,5 Millionen Euro vor allem in den Serien »Marienhof« und »In aller Freundschaft«. Mehrere Fälle von Schleichwerbung tauchten auch im »Tatort« auf. Im Studio Hamburg musste Geschäftsführer Frank Döhmann gefeuert werden. Im Hessischen Rundfunk Jürgen Emig. Er hatte seinen Geschäftsführer Harald Frahm in der Schmiergeldaffäre um gekaufte Sportübertragungen in der ARD belastet, was auch dessen Verhaftung zur Folge hatte. Frahm, der Inhaber der Agentur SMP, muss sich den Vorwurf der Bestechlichkeit und Beihilfe zum Betrug, der Untreue und Steuerhinterziehung gefallen lassen. Nicht gut sieht es auch für den Emig-Intimus Mohren aus. Dem suspendierten Sportchef des MDR wird im Zusammenhang mit dem Fall Emig Bestechlichkeit im Amt vorgeworfen. Nach Angaben vom Chef der deutschen Sporthilfe Hans-Ludwig Grüschow wurde bereits im Jahre 2003 Sportchef Wilfried Mohren mit Genehmigung des Intendanten zum Medienbotschafter ernannt. Dass in diesem Fall mal wieder 45 000 Euro für Mohren abfielen, versteht sich am Rande.

Überdies soll es bereits vor vielen Jahren erste Hinweise auf ein Korruptionsgeflecht gegeben haben. Der ehemalige Verwaltungsdirektor Rolf Markner bat um Aufklärung, ob die Gefahr bestehe, dass Sportredakteure bzw. Sportchefs der einzelnen ARD-Anstalten sich nach der Devise »Eine Hand wäscht die andere« über den Abschluss von Sponsoringverträgen zusätzliche Einnahmen verschaffen. So zitierte *Die Welt*. Das musste der Intendant natürlich ganz energisch verneinen. Bereits 1995 (!) konnte ich in der MDR-

Sendung »Riverboat« Folgendes zum Thema Dynamo Dresden ablassen:

Nun habe ich eine eigene ketzerische Meinung. Weil sie alle sagen, der Otto muss weg. Otto hat den Verein über Wasser gehalten. Mit Geld. Hat ja Millionen da reingepumpt. Ich will nicht untersuchen, aus welchen Motiven. Es tut ihm auch gut. Ich will euch mal vorlesen, wie das mit dem Geschäft ist. Euer Sportchef, der Wilfried Mohren, also das muss ich mal vorlesen: Angesichts der derzeitigen Stimmungslage an der Elbe hatte der Dynamo-Boss ohnehin keine andere Wahl. Nach einer Umfrage des Mitteldeutschen Rundfunks stimmten 81,3 Prozent für einen Rücktritt des Präsidiums. Gerade aber die MDR-Aktion brachte den Clubchef auf die Palme. »Unseriös, tendenziös«, tobte Otto, der Sportchef Mohren Stimmungsmache in privater Sache vorwarf. Mohren schulde ihm nämlich noch 56 000 Mark aus dem Kauf eines Einfamilienhauses in Weißig.

Jan Hofer warf sich aber jetzt für seinen Westbruder mit seinem Westtalker Peter Stefan Herbst in die Bresche.

Hofer: Und was lernen wir daraus?

Külow: Für Insider ist das doch eine herrliche Geste. Otto sagt: Jetzt macht Mohren im mdr ständig Stimmung gegen mich. Seine Beratungen waren auch nicht so, wie ich mir das vorgestellt habe. Mohren: Die Behauptungen sind Wahnsinn. Aus der Luft gegriffen. Fakt ist lediglich, dass ich Otto Geld schulde.

Herbst: Sie betonen das aber fast so, als seien Sie der letzte Mohikaner, also der letzte Freund Ottos in Dresden. Da müssen Sie vorsichtig sein, wenn Sie nachher zu Mielke gehen.

Külow: Ich wollte lediglich nachweisen, es geht ums Geld. Sportchef Mohren und Präsident Otto, beiden geht es doch ums Geld. Wenn du Gläubiger hast, mit denen musst du ganz sensibel umgehen.

Hofer: Herr Külow! Ich glaube, das Thema ist nicht … Man müsste die Betroffenen dazu einfach mal hören, also, wir können es nicht überprüfen. Haben Sie jetzt noch Ihr Abiturzeugnis mitgebracht?

Külow: Ich weiß, ich mache Sachen, die euch nicht so gut gefallen. Aber Kollege Herbst hat recht; wenn bei den Bundesbürgern etwas schiefläuft, wer steckt dahinter? Die Staatssicherheit.

Der Mohren hat Reisen mehrfach abgerechnet. Der Mohren hat Berichte von Reitsportveranstaltungen in Brandenburg und Thüringen im Programm platziert und sich dafür von den Veranstaltern bezahlen lassen. Ganz kleine Fußballturniere mit Endspiel FK Pardubice gegen die Reserve vom Halleschen FC. Techem cup. Es war zum Brüllen. Tanz Gala 2002 in Leipzig. Friedensfahrt. Die Antikorruptionseinheit kommt nicht nach. Wer hätte denn gedacht, was sich vor zehn Jahren in der ARD ereignet hat. Nur einige wenige beim mdr. Aber Marcuse und Vietze und Sullus, Herbst und Hofer bestimmt nicht.

LVZ vom 16.5.09: »Der frühere Sportchef des Mitteldeutschen Rundfunks, Wilfried Mohren, muss sich ab dem 9. September in einem Korruptionsprozess vor dem Landgericht Leipzig verantworten. Die Anklage wirft Mohren Bestechlichkeit, Vorteilsnahme, Betrug und Steuerhinterziehung vor.«

Am 29. September verurteilte das Landgericht den Mohren wegen Vorteilsnahme, Steuerhinterziehung und Betrugs zu zwei Jahren Haft auf Bewährung. Die Staatsanwältin hatte hoffnungslos auf drei Jahre Haft plädiert.

Wer auf die sächsische Justiz vertraut, den lässt sie nicht fallen!

Paul Schabacker

Der Johannes Heesters der SPD
Franz Müntefering

Die Zeit hielt den Atem an, und der Globus rieb sich verwundert die Augen. Es war der 7. September 2008, und mit einem Mal war nichts mehr so, wie es ohnehin nie hätte sein dürfen. Mit einem dicken Knall warf Kurt Beck, der zwei Jahre lang den Vorsitz der SPD mit seinen vier Buchstaben ausgefüllt hatte, hin. Auf dem Fernsehschirm konnte die Welt mitansehen, wie der waidwunde Mann vor der eigenen Parteimeute davonschnürte und über Äcker und Felder das Weite suchte. Noch während man darüber sann, ob Beck sich nun waschen und rasieren und eine neue Arbeit suchen wird, platzte der zweite Bums: Franz Müntefering, die rote Eminenz der Partei, geht von Null auf Hundert, wird den Großen Steuermann machen und nimmt die Zügel der SPD in den Mund, zum zweiten Mal nach 2004!

Hinterher wusste man natürlich, dass bereits vier Tage zuvor die Bombe ins Rollen gekommen war, an jenem 3. September 2008, als im Münchner Hofbräuhaus 500 in Treue fest gewachsene Anhänger mit begeisterten Augen an Franz Müntefering hingen. Da war der legendäre Partei-Admiral nach neun stillen Monaten erstmals auf die politische Bühne zurückgehopst – und sofort war es für die Zuhörer, als umhülle wie weiche Butter sie das schöne Gefühl, dass die Sonne fortan 24 Stunden am Tag scheinen wird.

Mit Pauken und Trompeten keilte der rote Kultpolitiker gegen die heimtückisch an der SPD nagende Lafontaine-Partei, verteidigte die Agenda 2010 mit heißen Worten, feierte Gerhard Schröder mit klarem Herzen und stichelte mit lauten Lippen wider die bockigen Linken in der eigenen Partei. Als seine Rede durch den Saal gebraust war, stiegen nichtendenwollende Hochrufe aus den Kehlen der Anwesenden, und manche Träne rollte über manches Gesicht.

Der rote Messias aus dem Sauerland, der seit dem 13. November 2007 in der Großen Verborgenheit gelebt hatte gleich dem zwölften Imam der Schiiten, war zurückgekehrt, um seinem Volk das Paradies zu öffnen. Vierzig Wochen hatte er in der Wüste zugebracht. So lange war er an das Krankenlager seiner zweiten Gattin genagelt wie an das Kreuz, doch nun, da er kein Privatleben mehr am Bein hatte, war er wiederauferstanden. An jenem Tag Anfang September, gut einen Monat nach dem Tod seiner ganz privaten Ehefrau am 31. Juli, küsste er erstmals wieder das Licht der Öffentlichkeit. Und die Partei, in der aus eigener Dummheit kein Tropfen Hoffnung mehr zu finden war, war reif für ihn, für den Sauerländer Charismatiker und gelernten Rettungsanker.

Angebetet von allen: Da freilich konnte, wer noch seine sieben Zwetschgen im Kasten hat, schon die Glotzaugen kriegen. Müntefering schwebte ja nicht über den Linken und Rechten in der SPD gleich dem Geist Gottes, sondern hat die schwarze Agenda 2010 auf seinem langen Kerbholz und balbierte mehrfach die eigene niedliche Partei über den brutalen rechten Löffel. Er war als williger Vollstrecker des von der Großbourgeoisie gemästeten Gerhard Schröder Teil der Achse des Bösen!

Während manche Sozialdemokraten sich nach wie vor als Fürsprecher und Nothelfer der Armen, Geknebelten und Zertrampelten sahen! Fast am selben ominösen Tag, an dem Müntefering unter die Lebenden zurückkehrte, hatten sechzig von ihnen ein Papier in die Arena geworfen, in welchem sie die Rente mit 67 an die Laterne wünschten, den Reichen mit einer furchtbaren Vermögens- und Erbschaftssteuer an den Sack wollten, Leiharbeit und Minijobs dem Erdboden gleichzumachen forderten, Ein-Euro-Jobs in vollmundig bezahlte Arbeitsplätze umzubiegen geboten und eine sozialistische Revolution mit rollenden Köpfen verlangten.

Das waren Positionen, die nicht nur dem Seeheimer Kreis vom christdemokratischen Flügel der SPD, sondern auch dem konservativen Außenminister Steinmeier sowie dem reaktionären Finanzminister Steinbrück auf den Keks gingen. Denen schon die Hutschnur explodiert war, als die Parteilinke den Sozialfaschisten Wolfgang Clement in den Schwitzkasten nahm, bis der entnervt sein Parteibuch zerfetzte!

Doch Müntefering gelang es, alle kritischen Stimmen zu ersticken. Im Oktober 2008, nur einen guten Monat nach seiner Münchener Dampfrede, nahm er die Posaune des Parteiführers auch offiziell wieder in die eigenen Fäuste, wurde mit breiten 85 Prozent zum Heiland der SPD gewählt und bildete mit dem Möchtegernkanzler Frank-Walter Steinmeier das neue Dreamteam der Partei.

Tatsächlich gelang es ihm, in einer SPD, die sich in Flügelkämpfen aufzureiben drohte, das Steuer um hundert Prozent herumzuwerfen. Linke wie Rechte gleichermaßen rutschten vor ihm auf den Knien – ein Wunder, das allen Naturgesetzen widersprach, und dessen Erklärung vielleicht darin zu suchen ist, dass Münteferings 1940 begonnenes Leben Zucker für beide Seiten offeriert. Oder wie es ein Sprichwort aus seiner Sauerländer Heimat ausdrückt: Eine Bäuerin mit drei Brüsten hat auch Platz für den Teufel.

Obwohl Schröders wichtigster Helfershelfer, genoss Müntefering den hellen Ruf des »Mannes von unten«. Schließlich hat er nur Volksschule, brummte eine einfache Lehre ab und besorgte als unscheinbarer Industriekaufmann jahrelang einem mittelständischen Betrieb die diversen Geschäfte. Noch heute liegen in seinem Berliner Abgeordnetenbüro als Symbol seiner Volksverbundenheit ein Bauhelm und ein Zollstock auf dem Schreibtisch, steht immer ein Kasten Bier bereit. Von morgens bis abends rotiert eine Zementmischmaschine, und auf einem leiernden Kassettenrekorder laufen in einer Endlosschleife die Schlachtgesänge von Schalke 04 und Borussia Dortmund – Symbol seiner Befähigung, selbst bis auf die Knochen verfeindete Parteiflügel zusammenzuschrauben und unter einen Nenner zu zwingen, den Nenner Münte.

Der gewöhnliche Hinz und Kunz nimmt jede Arbeit. Nicht anders Franz Müntefering in der Politik. Es gibt kaum einen leeren Stuhl, auf dem er nicht Platz nahm und sich Zentimeter um Zentimeter größer machte: Wurstelte sich vom Stadtrat in Sundern, wo er bald nach seiner in Neheim-Hüsten erfolgten Geburt das Leben erlernte, über den Unterbezirksvorstand Hochsauerland und den Vorsitz des Bezirks Westliches Westfalen bis zum Chef der SPD in Nordrhein-Westfalen hoch. Boxte sich vom wohnungsbaupolitischen Sprecher der SPD-Bundestagsfraktion über den parlamentarischen Geschäftsführer und den Parteivorstand bis zum Bundesgeschäftsführer der SPD und Generalsekretär empor, wurackte sich vom nordrhein-westfälischen Minister für Arbeit, Gesundheit und Soziales über den Bundesminister für Verkehr, Bau- und Wohnungswesen bis zum Bundesarbeits-

minister und Vizekanzler hinauf. Ochste als Bundestagsfraktions-
vorsitzender ebenso wie schon einmal als Parteivorsitzer sich das
Hinterteil schrundig und malochte nebenbei in seiner Freizeit als
Bundestags- und mitunter gleichzeitig Landtagsabgeordneter, bis
er spätabends mit ausgeleiertem Mundwerk und abgepumptem
Hirn zu Bette sank.

War Franz Müntefering nun eine prima Heilsgestalt oder
eine 1a-Pestbeule? Im Sauerland sagt man: Der Wurm, der in ein
Nasenloch kriecht, kommt manchmal zum Hintern heraus. Etwas
klarer wird die Grütze, wenn man Münteferings Tätigkeit als Fraktionsvorsitzender 2002 bis '05 betrachtet. Er war kein Wüterich
wie Herbert Wehner, der Abweichler von der Fraktionsdisziplin
mit der Kneifzange Mores lehrte. Müntefering wusste stattdessen
die Zuchtrute geschickt zu dosieren, köchelte die einen auf kleiner
Flamme, ließ die anderen Männchen machen, zog die dritten in
Einzelgesprächen am Ohr und ließ die vierten sich ausmären, bis
sie sich erleichtert hatten und zustimmen konnten.

Genau diese Zustimmung wuchs ihm im Herbst 2008 von
allen Seiten entgegen, anders als noch im Jahr 2005. Kaum war
damals der Arbeiterverräter Gerhard Schröder aus dem Kanzleramt geblasen, ging auch Münteferings Herrlichkeit mit lau-
tem Rums zuschanden. Gegen seinen ausdrücklichen Befehl
wurde nicht der brav gewachsene Kajo Wasserhövel, sondern die
selbstbewusst verdrehte Andrea Nahles zur SPD-Generalsekretä-
rin gewählt – woraufhin Müntefering sofort seinen Parteivorsitz
durch den Kamin jagte. Drei Jahre später aber, unter dem frisch
gewaschenen Parteichef Müntefering, wurde der die ganze Zeit in
der Versenkung vegetierende Wasserhövel reaktiviert und wider-
standslos zum Bundesgeschäftsführer der SPD, Wahlkampfmana-
ger der Partei und Haushund Münteferings ernannt.

Dass der Mann mit dem roten Schal, den alle Welt als den
Johannes Heesters der SPD kennt, die Partei dichthalten konnte,
dass er fähig war, die Einheit von Führung und Parteivolk wie-
derherzustellen, zeigten solche Siege. Was immer ihm aus seiner
Zeit als Schröders Faktotum und danach als Hartz-IV-Minister
unter Angela Merkel am Stecken kleben mochte: Franz Müntefering galt trotzdem und deshalb als Mann, der sich selbst ohne
schlechtes Gewissen ins Gesicht sehen kann. Zwar war er mit

69 Jahren jenseits jeder jungen Kante. Aber wie die Sauerländer sagen: Gerade ein leerer Sack hat viele Falten. In denen, wie die Boulevardpresse herausfummelte, sogar eine vierzig Jahre jüngere Frau und Freundin Platz hat, die gerade einmal 29 Lenze messende Parteigenossin und Neuanschaffung Michelle Schumann! Wer denkt da nicht an die anderen Grand Old Männer der Politik wie Helmut Kohl und Willy Brandt, die noch im Greisenzustand neue Blüten ansetzten, bevor …?

Doch zurück zum Thema, back to the Politiker Franz Müntefering: Nur mit ihm und durch ihn, den Mann mit dem eckigen Charakter, den Typ mit der leicht müffelnden Aura des trotz aller Erfolge irgendwie in der Basis beheimateten Parteiarbeiters, glaubte die SPD, wieder Licht am Ende des Tunnels zu sehen. Dass das Licht schwarz blieb und die Partei sich am Wahltag, dem 27. September 2009, unter der Grasnarbe wiederfand, warf Müntefering gleichwohl nicht aus dem Anzug. Ohne ein Gramm Kummer quittierte er das dünnste Wahlergebnis der SPD seit Erfindung der Bundesrepublik Deutschland und schien willens, ohne Verschnaufpause weiterzuwerkeln. Da endlich warfen ihn die letzten überlebenden Genossen von Bord – wenn auch mindestens x Jahre zu spät.

Ein dickes Lob dem Politiker, der nichts zu sagen hat und trotzdem schweigt.

Christoph Hofrichter

Geschichtsbildner
Günther Oettinger

Noch am Sarg machte der »schwäbische Sprachzertrümmerer mit dem Nussknackergesicht«, Günther Oettinger, bei seiner Leichenrede im Freiburger Münster (April 2007) aus dem Altnazi Hans Filbinger (ehemals Ministerpräsident von Baden-Württemberg) einen Widerstandskämpfer. So wurde der »furchtbare Marinerichter« postum in die »BRD-Nachkriegswalhalla« zu Stauffenberg, Goerdeler oder gar den Geschwistern Scholl erhoben.

Die Geschichte: Im Krieg war es dem Berufsjuristen Filbinger nicht »vergönnt« gewesen, seinem »GröFaZ« (Hitler = Größter Feldherr aller Zeiten) an der Front mit der Waffe in der Hand zu dienen. Aber in der Etappe, als Marinerichter von Schnellgerichten, da war er ein »Meister aus Deutschland«. Noch im April 1945 ließ er junge Soldaten, die einfach nur noch heim wollten, als »fahnenflüchtige Feiglinge« erschießen. Selbst nach der Kapitulation seiner »Großdeutschen Wehrmacht« durfte er unter britischer Aufsicht bis Juni 1945 weiter wirken, und im englischen Schutzgebiet von Flensburg junge Soldaten zum Tode verurteilen. Gerne wohnte er diesen Exekutionen dann auch selbst bei.

Die schwere Last der Verantwortung, die er beim Aufbau der Bundesrepublik schnell wieder übernommen hatte, ließ ihn diese unschönen Teile seiner Biografie bald vergessen. Als der Schriftsteller Hochhuth ihm 1978 die Bilder der jungen hingerichteten Soldaten vorhielt, konnte er sich an nichts mehr erinnern. Aber für seine schwarzbraunen Parteifreunde waren seine »Gedächtnislücken« zu peinlich geworden, er musste im schwäbischen »Musterländle« vorzeitig seinen Hut nehmen.

Sein Parteizögling und späterer Thronfolger auf dem Sessel von Baden-Württemberg, Günther Oettinger, Mitglied der schlagenden Studentenverbindung »Ulmia« in Tübingen, hatte vielleicht bei einer »Mensur« einen Studentensäbel zu viel auf den Kopf gekriegt: Allemal gebrach es ihm an geistiger Kraft, sich in den ganzen Jahren ein Geschichtsbild des verehrten Ziehvaters zu machen: In einer Art »historischem Piratenzug« erhob er ihn im April 2007 als Leiche noch zu einem heldischen Antifaschisten.

Bei seinem Lieblingsprojekt, dem Milliardengrab »Stuttgart 21« riskiert er dagegen einen freimütigen Blick in kommende Zeiten mit dem Satz: »Wir kaufen die Zukunft.«

Inzwischen hat sich seine Zukunft geklärt: Er wurde auf Weisung von höherer Stelle nach Brüssel abgeschoben, seine Englisch-Vorträge kursieren im Internet als Lachplatte.

Demokratie ist die Regierungsform, in der die Reichen all die Rechte genießen, die den Armen garantiert sind.

Reinhard Umbach

Der Kassensager
Hubertus Pellengahr

Am Ende vom Verbraucherjahr
nennt uns Hubertus Pellengahr
vom Einzelhandelsdachverband
den deutschlandweiten Kassenstand.

Sein absolutes Geldgehör
lässt ihn selbst fern in Wyk auf Föhr
bloß durch den Klingelton der Kassen
den Umsatz auf der Kö erfassen.

Von »schleppend« bis »zufriedenstellend«
und »Konjunkturaussicht erhellend«
kennt er für die Bilanz Begriffe
wie Störtebeker nicht mal Schiffe.

Er führt ein Leben vor der Steuer
und voll fiskaler Abenteuer.
So taucht schon jetzt der Schlussverkauf
am Horizont des Marktes auf.

Ob da die Schnäppchenjäger siegen,
ob Luxusgüter vorne liegen –
das sagt uns Anfang Februar
dann bar Hubertus Pellengahr.

Stephan Krull

Klein Ferdinand und der Nazi-Opa

Ferdinand Piëch

In Wolfsburg ist die Welt im Sommer des Krisenjahres 2009 in Ordnung. Die Fußballabteilung von Volkswagen wird spektakulär »Deutscher Meister«. Die Stadt steht Kopf, alle haben Anteil an der Meisterschale, gemeinsam feiern fleißige Arbeiter und rührige Manager, umtriebige Betriebsräte und steinreiche Vorstände. Fast alle Beschäftigten des ehemaligen »Kraft-durch-Freude«-Betriebes bekommen eine Sonderzahlung von 4 000 Euro. Krise? Was für 'ne Krise? Überstunden in der Woche und Wochenendschichten. Die Kasse stimmt. 3 000 Leute werden eingestellt, wenn auch nur befristet für die Ferienzeit. O.k., Leiharbeiter wurden entlassen, Zulieferfirmen gingen Pleite. Aber das trifft nicht uns! Uns nicht! Hör mir bloß auf mit Krise! Vielleicht in Detroit oder Rüsselsheim. Tja, so ist das, wenn man nicht auf die eigene Kraft bauen kann! Widersprüche in Wolfsburg? Dafür wurde das Werk nicht gebaut. Im Gegenteil. Der Klassenkampf wurde musterbetrieblich weggefegt. Dafür sorgte der Nazi-Opa von Klein-Ferdinand. Der hieß auch Ferdinand, allerdings Porsche und nicht Piëch. Der war, so erinnert man sich in Wolfsburg gerne, vor allem ein »genialer Techniker«, »Vater des Käfers, des Werkes und der Stadt«. Und Ferdinand Junior erinnert sich so: »Den Großvater als Person konnte ich nie als dominant empfinden, ich war ein Kind, und er war ein netter alter Herr, oft müde. Und als ich die eminente Rolle des Konstrukteurs begriff, hat mir die ganze Geschichte bloß imponiert und mich nicht eine Sekunde lang belastet, warum auch?« Dann präsentiert sich Ferdinand der Jüngere als gelehriger Schüler von Opa Ferdinand dem Wehrwirtschaftsführer: »Die Vorstellung einer höchstkarätigen inneren Mannschaft von fünf bis zehn Leuten, deren Zusammenspiel wiederum nur ein Einzelner im Detail lenkt, hat mich ein Leben lang nicht losgelassen. Es ist für mich das wichtigste Rezept geblieben, wie man tatsächlich Vorsprung gegenüber dem Wettbewerb erzielen kann.«

Nicht gern erinnert sich die 71 Jahre alte ehemalige »Kraft durch Freude«-Stadt der »dark side« desjenigen, der mit Herkuleskraft den größten und erfolgreichsten Automobilkonzern der

Welt schaffte. Oder waren doch noch andere Menschen beteiligt?

Da waren zunächst Adolf Hitler und die Nazi-Größen, von denen Ferdinand der Porsche den Auftrag für den Bau von Musterbetrieb und -stadt gerne annahm. Dann war da die DAF (Nazi-Betriebsgemeinschaftsorganisation), deren Reichstrunkenbold Robert Ley das von den Gewerkschaften geraubte Vermögen für den Bau von Auto, Fabrik und Stadt bedenkenlos großzügig zur Verfügung stellte. Und dann waren da Zehntausende Zwangsarbeiter aus allen von den Nazis besetzten und ausgeraubten Ländern, überwiegend jedoch aus Polen und den Ländern der Sowjetunion. Bedenkenlos nahm der »geniale Techniker« alles entgegen – KZ-Sklaven allerdings musste er persönlich erst anfordern! Genfer Konvention? Also bitte, damit muss doch ein so geniales Hirn wie Porsche nicht seine Ressourcen verplempern! Vor allem waren die Zwangsarbeiter jung und kräftig, auch Frauen, die in Warschau, Kiew oder Paris von der Straße weg »ins Reich« verschleppt wurden. Waren einige Frauen vorher schwanger oder wurden sie in Wolfsburg schwanger? Um ihren Arbeitseinsatz in der Rüstungsproduktion nicht zu gefährden – Autos wurden nicht gebaut, aber Minen, Flugzeugteile, Raketen, alles von Porsche entwickelt und zur Sicherung des Werkes »an Land gezogen«, zum Dank wurde Porsche Wehrwirtschaftsführer, Vorsitzender der Panzerkommission und hoher SS-Offizier –, also, den Frauen wurden ihre Kinder weggenommen. Unter »ärztlicher Aufsicht« verhungerten dann Hunderte Kinder; alle! Einer der wenigen, der nach der Befreiung vom Faschismus dafür bestraft wurde: der »leitende Werksarzt« Dr. Hans Körbel wurde hingerichtet.

1945 war – wie überall in Deutschland – die Stunde null; es gab kein Vorher, keiner hat gar nix gewusst, unbelastet ging es fröhlich schaffend in die Zukunft. Ferdinand der Porsche hatte sich in sein geliebtes Österreich abgesetzt, nicht ohne vorher Lizenz- und Vertriebsverträge mit seinem Volkswagenwerk abzuschließen. Enkel Ferdinand erinnert sich wieder: »Als Enkel und Sohn« – er bezieht jetzt seinen Vater Anton Piëch, den Schwiegersohn und die rechte Hand von Ferdinand Porsche ein – »nehme ich für mich in Anspruch, über meinen Großvater und meinen Vater nicht strenger zu urteilen, als die Untersuchungskommission der Alliierten in den Jahren nach Kriegsende.« Ferdinand der

Jüngere jammert noch ein bisschen über die Behandlung seines Opas durch die Briten und frohlockt, dass »die Franzosen« ihn nicht mal angeklagt hätten. Gute Beziehungen haben auch damals schon denjenigen nicht geschadet, die sie hatten! Ferdi ist sich nicht zu schade, Israel als Kronzeugen für Unschuld zu benutzen, indem er in direktem Zusammenhang schreibt: »Wir ... unterhalten die größte Gemeinschaftsunternehmung mit Israel und haben auch – lange vor der Effektivität einer Gemeinschaftsverpflichtung der deutschen Wirtschaft – direkte Zahlungen an ehemalige Zwangsarbeiter geleistet.« Dass dieses fünfzig Jahre nach dem Verbrechen und auf Druck von Beschäftigten und internationaler Öffentlichkeit geschah: Schwamm drüber. Inzwischen wurden Ferdinand Piëch und die anderen Clanmitglieder durch Lizenzgebühren und Vertriebsrechte vielfache Milliardäre – weil »der Käfer jetzt die Welt eroberte«, wie der »General« Heinrich Nordhoff, der als Wehrwirtschaftsführer aus der GM-Fabrik in Brandenburg vor der Roten Armee getürmt war und von den Amerikanern Berufsverbot erhalten hatte, öffentlich erklärte.

1993 wurde Ferdinand der Piëch Vorstandsvorsitzender der VW AG; fast fünfzig Jahre, nachdem sein Großvater die Wolfsburg fluchtartig verlassen hatte. Wie immer gab es Alternativen, aber weder die Gewerkschaft noch das Land Niedersachsen wollten es mit dem bunten Vogel Daniel Goeudevert als Lenker von Volkswagen versuchen; zwar wie Piëch Ausländer, aber frankophon und viel zu experimentierfreudig. Seitdem weht neuer alter Geist in Wolfsburg – die Familie mit Tradition kultiviert Wolfsburg (wie andere »Familien« in »ihren« jeweiligen Territorien): 30-Stunden-Woche, Auto-5000, Autostadt, Kunstmuseum, Stadion, Mobile-Life-Campus, Auto-Uni etc.pp –, aber auch Hartz, Volkert und der GAU für die gewerkschaftliche und betriebliche Interessenvertretung, Produktivitätserhöhung, Personalkostensenkung und wieder Arbeitszeitverlängerung. Vergessen und vorüber! Jetzt geht es ums Ganze: Schluckt Porsche Volkswagen oder umgekehrt? Frisst die Mutter die Töchter oder umgekehrt? Jedenfalls: Back to the roots! Und damit gar nix schiefgehen kann, lädt der Pastor der katholischen Wolfsburger St.-Chrisopherus-Kirche zur Segnung von Auto und Fabrik ein (Sommer 2009!). Ach ja ... und die neuen alten Nazis planen in Wolfsburgs leer geräumtem Möbelhaus die

Einrichtung eines KdF-Museums (Sommer 2009!). Nichts in diesem Aufsatz ist erfunden, aber Letzteres – das KdF-Museum der neuen Nazis – wird wohl nicht etabliert werden, stört es doch den »guten Ruf« der Stadt. Ob diese sich ihrerseits dazu durchringen kann, 71 Jahre nach ihrer Gründung der Opfer würdig zu gedenken, die Täter aus dem Stadtbild zu verdrängen und eine angemessene Antwort auf die Nazi-Provokation zu finden, scheint zweifelhaft: Müssten doch die Porsche-Straße, die Porsche-Schule und das Porsche-Bad umbenannt werden. Und mit Enkel Ferdinand legt sich in Wolfsburg und Zuffenhausen niemand ohne Not an! Es ist wie beim Opa: Einer lenkt – geniale Techniker von Macht und Geld!

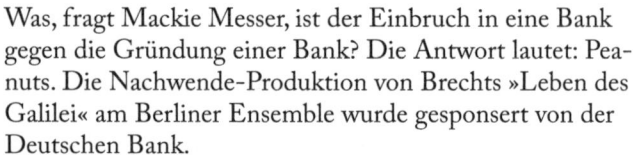

Was, fragt Mackie Messer, ist der Einbruch in eine Bank gegen die Gründung einer Bank? Die Antwort lautet: Peanuts. Die Nachwende-Produktion von Brechts »Leben des Galilei« am Berliner Ensemble wurde gesponsert von der Deutschen Bank.

Süddeutsche Zeitung

Ernst Röhl

Weiße Westen, schwarze Kassen

Heinrich von Pierer

Heinrich von Pierer ist nicht nur Träger des Großen Bundesverdienstkreuzes des Verdienstordens der Bundesrepublik Deutschland, sondern auch verdienstvoller Mitautor eines Standardwerks über Unternehmensethik, Titel: »Zwischen Profit und Moral«. Von Moral versteht er eine Menge, und von Profit versteht er wirklich was. Wann immer sich Gelegenheit bot, trat er als Vorzeigemanager der Deutschland AG in Erscheinung. Fast fünfzehn Jahre lang stand er als Vorstandsvorsitzender und Aufsichtsratschef an der Spitze des größten deutschen Elektronikkonzerns. Alle Welt nannte ihn Mister Siemens. Und nach seinem Selbstverständnis war er das auch.

Er diente nicht nur Helmut Kohl (CDU) und Gerhard Schröder (SPD) als Ratgeber, er war auch Chefberater der Blechernen Kanzlerin. Angela Merkel betraute ihn mit der Leitung ihres »Rates für Innovation und Wachstum«. Von von Pierer stammt die weltweit bewunderte Formel für Innovation in der globalisierten Wirtschaft: »Kenntnis der Kundennöte plus Inspiration, multipliziert mit langem Atem plus Transpiration ist gleich Markterfolg«.

Wer mit Axiomen, Theoremen und Schwachsinn dieses Kalibers um sich schmeißt, bringt es früher oder später zwangsläufig zum Kandidaten der Union für das Amt des Bundespräsidenten. Tatsächlich gelang es von Pierer, für fünf Minuten einen seiner Füße in die spaltbreit geöffnete Tür des Schlosses Bellevue zu schieben, bevor sich die Aktion Staatsoberhaupt zerschlug. Nur einen einzigen großen Deutschen habe die Thermik der Karriere höher hinaufgetragen, schwärmten sie damals bei Siemens: »Über Pierer steht nur noch der Papst.«

Papst Ratzinger fehlt allerdings das wünschenswerte blaue Blut. Das Von. Der Adel. Von Pierer dagegen entspross einem altehrwürdigen Geschlecht des habsburgischen Zuckerrübenadels. Sein Opa Feldmarschallleutnant Eduard Pierer kaufte im Oktober des Jahres 1900 für 280 Kronen (heute 10 000 Euro) das Adelsprädikat und hieß, weil er den Mädchennamen von Oma Valerie mit einbezog, eines Tages Eduard Pierer von Esch. In der k.u.k. Monarchie war ein Adelsschnäppchen günstig zu ergattern, wenngleich erst »nach 30-jähriger bei Wohlverhalten zurückgelegter Dienstzeit als Offizier mit Feindberührung« oder »nach 40-jähriger Dienstzeit ohne Kampfeinsatz«.

Mit der Abschaffung der Aristokratie im revolutionären Wien kam den Pierers von Esch der Adelstitel 1919 abhanden, jedoch nicht unwiederbringlich. Bereits 1937 erwarb Heinrichs Vati in der Hauptstadt des Dritten Reiches mit dem Segen der NSDAP erneut das köstliche Von, folglich heißt Mister Siemens schon seit seiner Geburt im Jahre 1941 Heinrich Pierer von Esch.

Ein Vorzeigemanager wie aus der Seifenoper, der seine ganze Kraft dem Siemens-Konzern weihte, nicht selten hinter den Kulissen. Um lukrative Aufträge an Land zu ziehen, etablierte er mit bewunderungswürdiger krimineller Energie ein Netzwerk von Dunkelmännern und Wegguckern, ein System schwarzer Kassen, dunkler Verbindungen und illegaler Geschäfte sowie ein globales Schmiergeldsystem, das von der Münchner Zentrale am Wittelsbacherplatz bis zu den Virgin Islands reichte. Natürlich hieß Schmiergeld in seinem Sprachgebrauch nicht Schmiergeld, sondern »nützliche Aufwendungen« oder »Provisionszahlungen für Promoter«. Oder »sweet promises« – süße Verheißungen. Und es handelte sich um weit mehr als Peanuts, nicht bloß um ein paar lumpige Millionen, sondern um 1,3 Milliarden Euro. Und diese 1,3 Milliarden sind auch nur das bisschen, was die Staatsanwälte herausfinden konnten oder wollten. Ein Zeuge, der im Kofferraum seines Autos mehrfach größere Summen über die deutsch-österreichische Grenze transportieren musste, klagte während der Vernehmungen, er habe beim Beladen unter der Zentnerlast der Bargeldkoffer schwer gelitten: »Ich hätte mir fast einen Bandscheibenschaden zugezogen.«

Die inneren Geschäftsbeziehungen des Siemens-Konzerns modernisierte von Pierer gleichfalls durch originelle Innovationen. Da die Gewerkschaft nicht spurte, wie sie sollte, ließ er als Gegengewicht zur IG Metall unauffällig eine »arbeitgeberfreundliche« Arbeitsgemeinschaft Unabhängiger Betriebsangehöriger gründen, deren Bosse sich über geheime Zuwendungen von wenigstens 34 Millionen Euro freuen durften.

Die Kontrolle der schwarzen Kassen und fingierten »Beraterverträge« war sinnreich organisiert. Von Pierer persönlich hatte, als Mitglied des Prüfungsausschusses im Aufsichtsrat, die Korruptionsvorwürfe zu untersuchen. Er war, sagen wir, der Bock in der Rolle des Gärtners. Und es versteht sich von selbst, dass er nach dem Mackie-Messer-Prinzip »von allem« nichts wusste.

Den Verdacht, an kriminellen Machenschaften beteiligt gewesen zu sein, sie gar angeordnet zu haben, lässt er nervenstark an sich abperlen. Immerhin räumt er »die politische Verantwortung« ein, wie jedes Schlitzohr, das beim Mausen erwischt wird. Ein hochrangiger Siemens-Manager sagte aus, von Pierer persönlich habe ihn angewiesen, mehrere Millionen Dollar Schmiergeld auszuzahlen, um in Argentinien einen Großauftrag zu akquirieren. Er habe, so der Zeuge, dem Chef seine subalternen Skrupel offenbart, daraufhin habe dieser energisch von ihm verlangt, sich »wie ein Soldat von Siemens« zu betragen, zu deutsch, das Gesetz zu brechen und den Profit, siehe oben, über die Moral zu stellen.

Trotz all dieser Verdienste hat Siemens über Heinrich von Pierer schon vor langem ein Hausverbot verhängt. Er ist persona non grata. Er ist der Buhmann. Und auf der ganzen Welt ist kein Ermittler denkbar, der imstande wäre, noch Licht ins Dunkel des raffiniert verschachtelten Vitamin-B-Projekts zu bringen.

Um einen neuen Anfang machen zu können, hat sich das Weltunternehmen mit von Pierer abschließend geeinigt. Er zahlt einen Schadenersatz-Freundschaftspreis von 5 Millionen Euro – für Hartz-IV-Hartzis eine unfassbare Summe, für Weltkonzerne ein eher moderat-symbolisches Bußgeld; denn der entstandene Schaden ist um ein Vielfaches höher. Das Happyend kostete mit allen Anwaltskosten, Straf- und Steuernachzahlungen gut und gern zwei Milliarden Peanuts. Da könn' Se mal sehn, was Siemens für 'ne noble Firma ist. Endlich kapieren wir den Sinn der goldenen Worte, die Mister Siemens vor Jahren über die Presse verbreitete: »Wir sollten ruhig etwas stolzer auf unsere Konzerne sein!«

Das alles war eine Nervenschlacht für Heinrich von Pierer. Doch er muss sich die Affäre nicht zu Herzen nehmen. Deutschland ist nicht nachtragend. Schlitzohren, die für schwarze Kassen büßen müssen, kehren oftmals schon nach kurzer Schamfrist auf die Weltbühne zurück. Beispiel: Wolfgang Schäuble, der Bundesfinanzminister.

Paul Schabacker

Der seifige Superhirte
Papst Benedikt XVI.

Er ist seit Petrus das 270. Rad am Wagen der römischen Kirche und der amtierende Weltmeister der Katholiken: Papst Joseph Ratzinger, seit dem 18.4.2005 unter seinem Künstlernamen Benedikt XVI. tätig.

Wahrlich, der Wind hielt den Atem an, und die Flüsse hörten auf zu fließen, als die Nachricht durch den Äther knatterte, dass der achte Deutsche seit Erschaffung der Welt den Stuhl Petri unter sein Hinterteil geschoben hatte. Sensationell kurz wie ein Stoßgebet war die Wahl im Konklave gewesen; schon am zweiten Tag hatte Ratzinger seine Finger so tief im Pontifikat, dass ihn niemand mehr halten konnte. Der Vatikan ließ die Eier läuten, wie die Glocken von Sankt Peter auch heißen, und Hunderttausende Gläubige auf dem Petersplatz stapelten sich waagerecht aneinander, als der neue Superhirte der heiligen Ecclesia im blendenden Schneeweiß des Pontifex maximus inoperabilis auf den Begrüßungsbalkon stolzierte, um die Menschen unter sich mit einem Lächeln einzuseifen.

Ganz oben aber schnurrte Gott vor Behagen, weil er es wieder einmal verstanden hatte, seinen Mann an die Spitze des Syndikats zu bugsieren. Denn Ratzinger ist zwar sanft in seinem Äußeren wie ein gebratenes Lamm, schüchtern im Umgang wie ein betäubter Grottenolm, aber innen eisern asphaltiert vom Beton des rechten Glaubens. Schon seit 1981 hatte er der römischen Kurie als neuer Torquemada gedient, den Befreiungstheologen Leonardo Boff mit den Lippen voran an den Felsen des Schweigens geschmiedet und Eugen Drewermann in eine siedende Kutte gesteckt.

Dank der unter ihm stark aufgeblühten Glaubenskongregation – unter diesem Namen segelt die Inquisitionsbehörde heute durch die christliche Welt – droht Pfarrern, die Wiederverheiratete in die heilige Kommunion beißen lassen, ein Ende auf dem ewigen Grill, und ein gewaltiges Fegefeuer ist Katholiken gewiss, die ihren Rüssel gemeinsam mit Protestanten in den Abendmahlskelch hängen. Dereinst für immer in feurigem Schlamm gewälzt werden diejenigen, die ihr Fleisch zu Lebzeiten in wilder Ehe frohlockend ineinanderschieben; abgesägt und in gluckerndem Pech gesiedet wird jener schlimme Teil des Leibes, der zur Verhütung eines Kinderschadens ein Gummimützchen trug. Und Gott lauert mit weiteren Höllenstrafen: Da werden die Zungen derer, die nicht nach seinem Schnabel predigen, mit glühenden Stricknadeln gespickt, und die Augen jener, die sich vor Jesu Herrlichkeit am Kreuz verschlossen, werden mit Löffeln aus den Augenhöhlen gepult und wie Spiegeleier auf den blinden Boden geworfen. Denn siehe, schon immer war Religion die Lizenz, mit gutem Gewissen Böses zu tun und die Feinde zu Knochenmehl zu verarbeiten; oder auch zu Straßenkehricht zu zerfetzen.

Doch seien wir päpstlicher als der Papst, erbarmen wir uns! Nie nämlich hat Ratzinger in über achtzig Jahren seine Birne ins Leben gehalten, sondern nur in die schwarze Welt von Kutte und Kirche. Schon als Bube liebte er das Beten, begeisterte er sich fürs Segnen und Weihen, berauschte ihn das Beichten, Büßen und Abbitteleisten, und täglich predigte er den Tieren, denn er wuchs auf dem Land auf, wo man die Vögel zwitschern hört. Während seine Schulkameraden sich mehr für die Fruchtbarkeitswerkzeuge interessierten, nackte Bilder von grellen Busen herumzeigten, verriegelte Joseph seine sieben Zwetschgen vor der Sünde und sublimierte Vollgas voraus, bis er den langen Rock über seine Pelle zog und 1951 mit vollem Hosianna als Priester begann, bevor er 1977 endlich zum Erzbischof von München und Freising gesalbt und noch im selben Anno Domini zum Kardinal geölt wurde.

Zugleich war Ratzinger einer der wenigen in Gottes Bodenpersonal, der mit seinem Gehirn denken konnte, wenn am Ende auch nur Theologie herauskam. Er lächelte zufrieden von einem Ohr bis zum nächsten, wenn er die Fragen nach Woher und Wohin, nach Warum und Wozu, nach dem richtigen Leben und dem Wesen des Menschen mit dem höheren Kuckuck der Gottesgelehrsamkeit ausbremsen konnte. So wurde er 1953 Doktor der Religion, 1957 ihr Professor, ließ seinen Geist strahlen wie andere ihre rote Nase und gab als Dogmatiklehrer an den Universitäten Bonn, Münster, Tübingen und Regensburg den schwarzen Mann, vor dem den 68ern die Knie schlotterten.

Damals hatte er den links tickenden jungen Menschen mächtig die Leviten gelesen. Heute trichtert er dem ganzen Universum ein, was sein seit Jahrzehnten hinter hohen Mauern lebendes Hirn zusammendenkt: dass die evangelischen Christen in keiner richtiggezimmerten Kirche leben und es allenfalls wert sind, der Sancta Ecclesia catholicissima die Schuhsohlen zu lecken; dass die Indios den köstlichen Jesus mit stillem Herzen herbeigesehnt hätten, auf dass die Spanier sie endlich von sich selber befreiten; dass das Brimborium der herrlichen Messe wieder nach lateinischem Hokuspokus runtergekurbelt werden darf wie im Mittelalter; dass die seit 2000 Jahren bockbeinig veranlagten Juden unter das Kreuz Christi gehören, wo sie mit einer braunen Rübennase wie Bischof »Piusbruder« Williamson – Lob und Preis sei Papst Ratzingers starkem Toleranzedikt – ein frisches Hosianna flöten können.

Der ehemalige Hitlerjunge Benedikt XVI. ist heute, wo er am Ziel aller Ziele angelangt ist, ein sauberer Greis, das steht so fest wie der Fels Petri. Als erster deutsch geborener Papst seit beinah fünfhundert Jahren wurde er zum Führer einer Christenheit berufen, die inzwischen in allen Hautfarben schillert und alle möglichen Meinungen über Gott und die Welt intus hat. In der modern angestrichenen Zeit von heute sollte einer wie er seine wahren Ansichten wohl am besten in seinem Dachstübchen verstecken. Aber wie Jesus ist Benedikt XVI. eben Papst und Mensch zugleich, ist humane Instanz und moralischer Abgrund in einem. Zwar schwimmt er nach herrschender Lehre im Saft der Unfehlbarkeit. Doch jeder im ganzen Kosmos weiß, dass auch die größte Kanone unter den Katholiken ein mangelhaft konstruiertes Lebewesen ist wie alle anderen. Der einzige, freilich sperrangelweite Unterschied ist, dass er selbst es nicht weiß; wie er überhaupt manches nicht weiß. Und ist das nicht auch gut so?

Eckhard Mieder

Frau Roth, ihre Käppchen und eine Stadt voller Zwerge
Petra Roth

Ein Märchen aus neuen Zeiten

1. Es war einmal eine Frau, die wurde 1995 Oberbürgermeisterin der fünftgrößten Stadt Deutschlands. Die Frau heißt Petra, die Stadt heißt Frankfurt am Main.
2. Frankfurt. Gefühlt männlich. Potent. Geld im Sack. Wenn wo was den Kapitalismus nicht kaschiert – dann hier. Obwohl das Lächeln der jungen Angestellten/Praktikanten/Volontäre/Auszubildenden/Halbleiter des Mittags in der Innenstadt so breit ist wie ein Sushi-Laufband. Und ihr uniformer Sinn strebt nach Höchstem: in die obersten Etagen der Geldtürme.
3. Im Jahre 1995 hatte sich die Heimkehr der DDR in den Kapitalismus noch nicht zwingend bis an den Fluss Main herumgesprochen. Es werden in Frankfurt so viele Sprachen gesprochen, dass das Wischi-Waschi-Deutsch der Politiker als die unverständlichste aller Sprachen abgetan wird. Und obwohl immer mehr Ostdeutsche in der Altenpflege, in Bauunternehmen, in Supermärkten und in Speditionen auftauchten (und den Wessis die Arbeit wegnahmen, die sie selbst nicht machen wollten; diese thüringisch und sächsisch sprechenden Portugiesen) – die Sage, es bliebe alles beim Alten, hielt sich. Mit dem Slogan DER SOLI MUSS WEG – WIR SIND DER EURO gingen Millionen Westdeutsche erst nach dem Jahrhundertwechsel auf die Straße.
4. Obwohl. In gewissen Kreisen hatte sich die politisch-tektonische Verschiebung doch herumgesprochen. Männer. Banker, Händler, Immobilienvertreter, Versicherer – von Berufs wegen rührig – hatten längst tastende Schritte in den östlichen Sumpf unternommen und gerührt gespürt: Auf dem festen Grund der rechtselbischen Blödigkeit ließen sich Schlösser bauen.
5. Ein dussliges Bild, Entschuldigung. Noch mal:
6. Obwohl. In gewissen Kreisen schon. Etliche, etwa gut verdienende Journalisten, fluid durch marxistisch-leninistisch-trotzkistisch-maoistische Gruppen (Jugendsünden) geglitten, in jeder Demonstrantin der 70er Jahre eine Uschi ersehnend (sexuelle

Revolution), in den 8oern bereits in einer gewissen Distanz zu den Friedensmarschierern (NATO pfui! Doch Warschauer Pakt hui?) und zu jeglicher außerparlamentarisch-gewaltsamer Opposition sowieso (RAF) – etliche von diesen mittlerweile in Hochlohn, Weißbrot und Rotwein stehenden Vollblutrevolutionären tätigten das eine oder andere Immobiliengeschäftchen auch. Eine Wohnung in Bautzen, ein Quartierchen in Parchim (Vorsicht! Nazigegend!). Gab Steuervergünstigungen oder -zulagen oder wie immer das heißt, wenn die Summen nicht groß genug sind, um außerhalb des Landes zu zinsen, doch innerhalb des Landes am Fiskus vorbeigeleitet werden können. Und nicht selten scheiterte ihr Gemeinsinn (blühende Landschaften) daran, dass die sanierten oder neu gebauten Wohnungen keine Mieter fanden. Schnell wird da aus dem Gemeinsinn (dem Gewinne nicht fremd) ein gemeiner Sinn (Scheißossis!).

7. Noch mal auf Anfang. Handelt dieses Märchen von einer Frau und ihren Zwergen oder von Männern? Nun ja. Die Unterschiede zwischen Frau und Mann, auch die Unterschiede vielleicht, ansonsten … Wer kennt den Unterschied zwischen Männern und Zwergen in einem Land, wo jeder Mann darauf aus ist, ein wohlgefälliger Zwerg zu sein und doch als allmächtiger Riese aufzutreten? Oder adjektivisch umgekehrt.

8. Außerdem stecken wir mittendrin im Wald der deutschen Geschichte. Denn es ist ein Märchen von einer Frau und vielen, vielen Männern (Zwergriesen). Wie fing es gleich noch mal an?

9. Es war einmal eine Frau, die wurde 1995 zur Oberbürgermeisterin von Frankfurt am Main gewählt.

10. Der ist schon mal gut. Eine Frau. Da so im Walde, hinterm Taunus oder vorm Spessart oder im Odenwald, wo es viele Wölfe gibt? Oder wo der Wolf so lange zum Brunnen geht, bis er Wolfgang heißt und … Prussssst! »Gar viele fühlen sich als Wolf / und heißen doch nur Klaus und Rolf!« (aus: »Koks im Herzen. Eine Ballade«, Tütenholz-Selbstverlag, Dornbusch, 1997)

11. Derlei Späßchen führen zu weit und zu weit weg. Obwohl sie das Herz berühren.*

12. 1995! Überraschung! Der Sieg des SPD-Kandidaten in der Direktwahl (Persönlichkeitswahl) galt als sicher. Eben deshalb hatte der SPD-Kandidat, bis dahin der regierende Oberbürger-

meister, aus hier und sowieso nicht mehr oder nur lokalhistorisch interessierenden Gründen, zur Direktwahl herausgefordert. Unter uns Männern: Weiber gehören nicht in die Politik, sondern in den … (DAS FOLGENDE IST VON DER ZENSUR, DIE ES NICHT GIBT, GESCHWÄRZT!) Und der eitle Mann plumpste siegesgewiss und gentlemanlike – aus dem Römer.

13. Römer: So nennen die Frankfurter, die sich stadtpolitisch interessieren, ihr Rathaus. So viele sind es nicht. Aber es gibt Tausende Asiaten, die Tag für Tag das romantische Deutschland fotografieren. Am Brunnen vor dem Tore, wo keine Linde steht, wo auch das Röslein nicht sticht, weil niemand es bricht, stattdessen gelegentlich eine jubelnde Menge sich postiert: wenn sich zeigt auf dem Balkone eine angesoffene Fußballmannschaft (männlich und weiblich und unbeholfen). Dann fahren die japanisch-planetarischen Mitbürger weiter nach Rüdesheim am Rhein, wo das Fachwerk gebohnert ist, der Riesling fließt bergab, und Mama Germania grüßt vom Hügel. Sie werden später, ihre Fotos im gemütlichen Tokyoter IKEA-Quartier digital durchhuschend, singen: Schön del Lömel, schön del Lhein, am schönsten schmeckt del Liesling …

14. Oder doch Chinesen? Keine Japaner? Oder Aserbaidshaner, Tadschiken, Georgier?

15. Georgier nicht. Die haben keine Schlitzaugen. Wie die Italiener auch nicht. Die haben diese großen braunen Gucker. Oder wie diese Südostdeutschen, um Annaberg-Buchholz rum, die gucken auch mit solchen Augen. Und spielen dazu im Musikverein die Triangel. Und haben die Käppchen der Bergleute von anno dazumal auf dem Kopf.

16. Die Welt ist supelglobal gewolden.

17. Und Frauen bekleiden mehr und mehr Funktionen von Rang. In der Welt jedenfalls, da draußen.

18. Aber nicht in Guatemala? Oder Äquatorialafrika?

19. Die Frau jedenfalls, die da Oberbürgermeisterin wurde, stach a) den männlichen Throninhaber aus, wurde b) ihres parteiübergreifenden Pragmatismus wegen nicht nur gehätschelt und hatte c) im Weiteren mit Männern zu tun, die ihre Vorurteile und Klischees mit einer Hartnäckigkeit und Gradlinigkeit pflegten, die sich aus dem aus dem 19. Jahrhundert stammenden gesellschaftlichen Konsens speist: Männer seien die notwendigeren Menschen. Demzufolge hieß es: Die Roth kann das nicht. Sie ist nur eine gelernte Arzthelferin. Sie vergaloppiert sich im Reden. Sie verwechselt schon mal »opus magnum« mit »opus magnus«. Und einmal, unerhört, meinte sie von einem der Mangelsdorff-Brüder (Jazz), er spiele Posaune, dabei blies er Trompete. Oder Schalmei?

20. Wieso jetzt Honecker? Oder war der mehr so Frau?

21. Hinter all der nörgelnden Verve steckte Intriganz, Neid, Gekränktheit. Männer im Dunstkreis der Macht neigen zum Kindischsein. Dazu gehören die Männer in den Medien, die Klischees und Vorurteile fortbuchstabieren, weitertratschen und multiplizieren. Bis der Ursprung unkenntlich und der Urheber unbekannt verzogen ist. Roth, umgeben von Zwergen mit Tarnkäppchen, zog durch den Stadt-Wald, und die Wölfe schauten knurrend aus dem Dickicht zu. Märchenhaft.

22. Aber sind Frauen etwa weniger intrigant, nachtragend, rachsüchtig, neidisch, karrieregeil, duckmäuserisch etc. pp.? Ich behaupte mal, weil dies ein Märchen ist, ja.

23. Und noch mal von vorn.

24. Die Stadt, in der sich das Unerhörte begab (Frau, attraktiv, Politikerin, erfolgreich), ist stolz auf ihr Image als Hauptstadt des Multikulti, der Grünen und auch darauf, dass die zuhauf dort lebenden 68er noch immer, wenn sie nachts nach ihrem Alltag in Zahnarzt- und in Anwaltspraxen, in Redaktions-, Café- und in ihren Oberstübchen in den Schlaf der Gerechten sinken, den Demo-Rucksack packen und das Pflaster aufreißen. Bis auf den Strand darunter. An das kein Meer schlägt. Nicht mal ein See. Kein Tümpel, höchstens ein Baggersee, übrig geblieben vom Autobahnbau ... Was für ein trauriger Strand!

25. Neulich, dies nebenbei, wanderte ich durch den Sarek. Hoch oben im Norden. »Und was willst du damit sagen?« »Nichts. Absolut nichts.«

26. Für »opus magnus« statt »opus magnum« wird man in Frankfurt am Main erschossen. In gewissen Kreisen, die weniger mit einer Bank, auch nicht mit einem journalistischen Medium, dafür mehr so mit Oper, Verlagen, Kunst zu tun haben – also da wird die Höchststrafe tuschelnd verhängt über jemanden (eine Frau dazu!), der schon mal öffentlich in die Nase langt oder einen Referenten während einer Pressekonferenz »coram publico« fragt, wie das denn heiße, dieses Lager, da, wo in Museen beispielsweise Bilder aufbewahrt werden … »Magazin?« »Magazin, danke!«

27. Die Frau Roth regiert noch immer. Bald schon so lange wie seinerzeit Helmut Kohl. Übrigens sind die beiden befreundet: der Kohl und die Roth. Und all die Zwerge (männlich) ringsum reichen nicht ran an den Römer. Wer ist jetzt gemeint? Der Helmut? Das Rathaus?

28. Märchenhaftes Sein. Auch wenn dies doch kein Märchen geworden ist, tut mir leid. Märchen sind merde.

Wie jener Sperling:

Spatz in Frankfurt

Sei gegrüßt, mein kleiner fetter Freund.
Aus Berlin, sag, kommst du aus Berlin?
Sah bis heute nicht dich und nicht deinesgleichen,
Tauben ja, genug, und Möwen hört ich schrein,
Aber Spatzen sah und hörte ich noch nicht am Main.

(aus »Koks im Herzen«)

Reinhard Umbach

Das neue Herbstgutachten ist da
Bert Rürup

Wie entsteht eigentlich ein Herbstgutachten? Diese Frage haben sich vermutlich viele schon einmal gestellt. Jetzt, wo er beim Finanzdienstleister AWD angeheuert hat, gibt der rüstige Rentenexperte und Oberwirtschaftsweise Bert Rürup erstmals exklusiv Einblick in seine Erhebungstechnik.

»Hereinspaziert, hereinspaziert!«, lotst uns der Chefkoch in seine Gerüchteküche, »es ist schon alles angerichtet!« Das glauben wir ihm gerne, wenn man bedenkt, was er und seine Freunde alle Halbjahr so anzurichten pflegen. Auf der Arbeitsfläche befinden sich ein frischpolierter Wirtschaftsklimaindex, die Vorabdankesschreiben der Wirtschaftsverbände, ein Rechenschieber und eine Bananenkiste voll Statistiken. Von der Deckenlampe baumelt ein Börsenbarometer mit Echtzeitkontrolle. Der Zeiger weiß nicht wohin. Ein Blick zum Mülleimer zeigt dagegen an, dass die Arbeitslosenzahlen keine große Rolle spielen.

Dann geht der Rentenpapst behände in die Knie und holt aus der Besenkammer ein quirlartiges Gerät hervor. »Meine eigene Erfindung! Selbst die Kollegen wissen nichts davon. Nennen Sie es einfach den »Rühr up«. Da muss ich nur noch den Schnetzelaufsatz überstülpen und … Ach, reichen Sie mir doch bitte die Bananenkiste hier auf die Arbeitsfläche!« Gerne sind wir der Wissenschaft behilflich und sehen, wie der Datenzauberstab in Windeseile aus den Kurven der unzähligen Statistiken liniendünne Streifen macht. »Hackfleisch sozusagen!«, ergänzt der Wirtschaftsweise süffisant. Überrascht wollen wir wissen, ob nicht ein ganz normaler Aktenschredder genügen würde. »Halt, halt!«, belehrt er uns, »die Daten sollen ja nicht zerstört, sondern nur kursbereinigt werden. So viele Kurven und Parameter, wie da noch drin sind, lassen sich unmöglich berechnen. Aber wenn man nur noch Geraden übrig hat, geht das ganz fix. Und dann habe ich noch meinen Rechenschieber, mit dem ich sogar Prozentaufgaben lösen kann. Außerdem kann ich die Papierchen hinterher noch an Firmen verkaufen, die sie als Lohnstreifen nutzen.«

Langsam beginnen wir zu verstehen. Große Erfindungen sind

immer einfach. Da aber kommt ein säuerlicher Ausdruck in Rürups Miene. Die mit dem Zeigefinger genommene Geschmacksprobe scheint ihm nicht zu munden.»Ach ja!«, schlägt er sich mit der nicht belutschten Hand an die Stirn, »ich brauche ja noch das Gegengutachten vom Kollegen Bofinger. Ohne den schmeckt's immer fad. Ist sozusagen das Salz an der Suppe!« Mit wiedergefundener Fröhlichkeit hüpft er ans Telefon und lässt sich ein paar Zahlen durchgeben. Die schmeißt er, auf einem Backpulverpäckchen notiert, in den Karton und schnetzelt kräftig nach. Der zweite Finger schmeckt dann schon besser.

»So, jetzt geben Sie mir bitte die Küchenwaage, stellen die Skala wegen des Goldpreises auf Feinunze und helfen mir, möglichst viele von den Schnipseln auf die Wägefläche zu stapeln. Aber Vorsicht, man darf die Wirtschaft nicht zu sehr belasten. Es gibt immer einen Punkt maximaler Zumutbarkeit. Dann hört das Wachstum auf und fällt vom Tisch.«

Wie beim Töpfern formen wir mit unseren Händen eine Schale um die Goldwaage und schaffen 1,8 Kilo Schnipsel. Rürups sichtbarer Stolz teilt sich auch uns mit, und während wir die Schnipselstützen lösen und der Küchentisch von Streifen übersät ist, hat der Meister schon seinen Rechenschieber geschnappt und zieht die Zunge bis zum Anschlag heraus. »Das Tolle an dem Ding ist, dass nirgends Kilo draufsteht. Also behelfen wir uns mit einer Hilfsgröße. Und da kommen die Prozente ins Spiel. Wir haben also statt 1,8 Kilo nun 1,8 Prozent. Und das an Wirtschaftswachstum!«

Wir sind verblüfft und bekommen langsam eine Ahnung, warum die Prognosepräzision zuletzt ein wenig auf der Strecke blieb. »Oder glauben Sie mir etwa nicht?«, fängt er unsere zweifelnden Blicke am Telefon ab, während er die neuen Zahlen gleich an die Bundesdruckerei durchgibt, damit die Gutachtenexemplare bei der Präsentation schon vorliegen. »Natürlich muss die Waage stimmen, aber da sie frisch geeicht ist ...« – er geht noch einmal rasch zu ihr hinüber, um plötzlich zu erschrecken: »Ja, wenn Sie natürlich auf Unze eingestellt haben, dann müssen wir beim Wachstum doch noch drei Nullen dranhängen!« Wieder rennt er zum Telefon, um den Druckauftrag zu stornieren. Aber es ist bereits zu spät. Die Rotationsmaschinen rollen schon. »Na ja«, fängt sich der Weise erstaunlich schnell, »wir haben ja noch die ganzen Vorjahrsexemplare. Ich nehm sie immer mit nach Hause, weil sie nie wer haben will. Da brauchen wir bloß aus der ›5‹ beim Jahr eine ›6‹ zu machen!«

Und gerne sind wir auch in diesem Fall behilflich und zufrieden, endlich eine Erklärung dafür zu haben, warum sich die Tipp-Ex-Aktie – seit es die Wirtschaftsweisen gibt – von einem Zehnjahreshoch zum nächsten rubbelt.

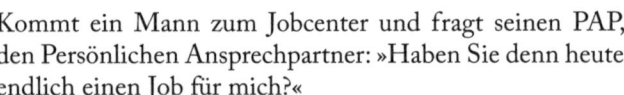

Kommt ein Mann zum Jobcenter und fragt seinen PAP, den Persönlichen Ansprechpartner: »Haben Sie denn heute endlich einen Job für mich?«

»Na, klar doch! 20000 netto im Monat, S-Klasse-Dienstwagen, Dienstvilla, leckere Sekretärin …«

»Wollen Sie mich verarschen?«

»Na, hörn Se mal, Sie haben doch angefangen!«

Dagmar Enkelmann

Motzfaktor
Thilo Sarrazin

Berlin hat einen bissigen Hund weniger: Thilo Sarrazin ist seit Mai 2009 in der deutschen Finanzhauptstadt Frankfurt am Main. Trotzdem hört der ehemalige Finanzsenator nicht auf, Berlin hinterherzumotzen. Zuerst waren es die Hartz-IV-Empfänger, nun sind es die Migranten. Beide Gruppen haben eines gemeinsam: Sie haben Sarrazin vergrault. Eine ganze Stadt voller »integrationsunwilliger und integrationsunfähiger« türkischer und arabischer Einwanderer, wie Sarrazin in einem Interview mit *Lettre International* im September 2009 meinte, die sich zusammen mit den nunmehr arbeitslosen Alt-Achtundsechzigern gegen die deutschen Tugenden verschworen haben – was für ein Desaster für jemanden, der so redlich sein ganzes Leben für das deutsche Volk geschuftet hat. Doch diesem – Zitat – Westberliner »Schlamp-Faktor« konnte Sarrazin auch mit einem erhöhten Motzfaktor nicht beikommen.

Dabei hatte er schon als Finanzsenator so viele gute Tipps für Arbeitslose: »Für fünf Euro würde ich jederzeit arbeiten gehen. Das wären 40 Euro pro Tag«, verriet Sarrazin dem Magazin *Cicero*. Den Beweis dafür ist er allerdings schuldig geblieben. Im gleichen Interview offenbarte er im Plauderton, dass er für den Verkauf eines Hauses in der Bonner Südstadt das Doppelte des ursprünglichen Kaufpreises erzielt habe. Da lässt sich trefflich über 5 Euro philosophieren. Empfängern von Hartz IV, die hohe Nachzahlungen für Heizkosten zu leisten hatten, empfahl Sarrazin zudem, doch einfach einen dickeren Pullover anzuziehen, dann hielte man es auch in einer ungeheizten Wohnung aus. Die Dankbarkeit der Betroffenen kannte keine Grenzen. Die Kleiderkammern wurden geplündert, bis nicht ein einziger warmer Pullover mehr zu finden war. Der eine oder andere behalf sich dann mit einem Anorak.

Besonders stark macht sich der Finanzier, der sein auskömmliches Einkommen immer von der öffentlichen Hand bezog, vor allem für seine eigenen Interessen. Im Gegensatz zu türkischen Gemüsehändlern, die Sarrazin so verabscheuungswürdig findet, hat er selbst nie mit harter körperlicher Arbeit für seine Miete sorgen müssen. Stattdessen legte der Finanzexperte eine Referenten- und Beraterkarriere par exellence hin, ohne auch nur einmal vor die Tür einer Institution gehen zu müssen. Während er »Normal- sterblichen« 5-Euro-Löhne ans Herz legt, ist er bei seinen eige- nen Bezügen mehr als pingelig. So klagte er bis in dritter Instanz einer Abfindung hinterher, die er nach seinem Wechsel von der Deutschen Bahn zum Berliner Senat für sich beanspruchte. Nach dem Motto: »Wer so gut gearbeitet hat, der kann auch ordent- lich abgreifen.« Das sahen die Richter aber anders, und Sarrazin machte eine neue Erfahrung: Er scheiterte.

Sehr großzügig kann der Obersparer Sarrazin auch sein, wenn es um seine Hobbys geht: Dem passionierten Golfspieler wird vorgeworfen, einen Golfclub in Berlin-Wannsee durch zu nied- rige Verpachtung finanziell begünstigt zu haben. Das ist wohl Sarrazinsche Logik: Während Hartz-IV-Empfänger sich gegen Kälte abhärten sollen, kann öffentliches Geld ruhig für Wichtige- res ausgegeben werden. »Schön« daran ist doch, dass es in Berlin auch Plätze gibt, wo sich der Ex-Finanzsenator scheinbar pudel- wohl fühlt und wo keine lästigen Migranten und Arbeitslosen her- umlungern. Über seine Golf-Connection hat er in seiner Berlin- schelte allerdings kein Wort verloren.

Doch Sarrazin fühlt sich für seinen lebenslangen Kampf gegen den »Schlamp-Faktor« nicht genügend entschädigt. Erst neulich kam sein staatlicher Rentenbescheid ins Haus geflattert, und wie- der motzte der Finanzier: Er sehe kein Verhältnis mehr zwischen den eingezahlten Beiträgen und der ausgeschütteten Gegen- leistung. Das scheint aber nur für große Staatsmänner wie ihn zu gelten, denn in einem Interview mit dem *Stern* im Mai 2009 erklärte er noch, dass die nächste Rentenerhöhung im Juli eine »völlig unsinnige Maßnahme« sei. Doch wer denkt, Herr Sarra- zin müsse von 1378 Euro staatlicher Rente im Berliner Wedding zusammen mit türkischen Gemüsehändlern in einer Alters-WG leben, liegt natürlich falsch. Sarrazin selbst hat ausgesorgt. Allein als Vorstandsmitglied bei der Bundesbank bekommt er jährlich an die 220 000 Euro, Boni und Sonderzahlungen nicht eingerechnet. Summa summarum wird sich sein monatliches Einkommen laut dem Bund der Steuerzahler nach seinem 65. Geburtstag auf min- destens 5 000 Euro belaufen. Was sich der Motz-König sonst noch so auf die Seite geschaufelt hat, davon können Berliner Althippies und Migranten sicherlich nur träumen. Von denen wird er dann gewiss nicht mehr belästigt werden, denn seinen Alterssitz wird Sarrazin wohl kaum in Berlin aufschlagen. Zu befürchten ist, dass er sich aber an seinem gemütlich eingerichteten Lebensabend nicht wirklich in den Rentneralltag »integrieren« kann und weiter motzt. Schließlich hat er dann auch mehr Zeit.

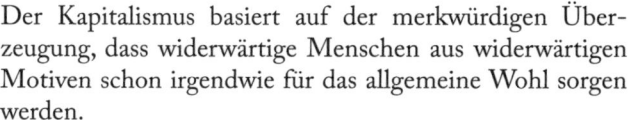

Der Kapitalismus basiert auf der merkwürdigen Überzeugung, dass widerwärtige Menschen aus widerwärtigen Motiven schon irgendwie für das allgemeine Wohl sorgen werden.

John Maynard Keynes

Thorsten Stelzner

Auch Weicheier müssen eiskalt abgeschreckt werden!
Wolfgang Schäuble

Das war aber wirklich schade damals, gerade als ich dachte: »Donnerwetter, was ist der mutig, entschlossen und richtungsweisend, ausgerechnet er.« Da rudert er, oder sollte man besser sagen, da rollt er nach drei Tagen öffentlichen Rumgezickes der Memmen und Weicheier sofort wieder zurück, und keinem ist die komplette Bandbreite seines Rückzugs beim Rückzug des Waffenverbotsgesetzes wirklich klar geworden, außer mir natürlich. Und darum sage ich immer noch: »Sorry, Wolle, aber die Welt ist einfach noch nicht reif und weise genug, dich wirklich zu begreifen. Nicht die Zeit für Schock'n'Roll ... only one Wumme, mehr will man doch gar nicht im patriotischen bundesdeutschen Haushalt.«

Ja, hätte er sich durchgesetzt, dann wäre die Welt wieder ein Stück friedlicher und sicherer geworden. Bestimmt. Muss doch. Er ist schließlich der Innenminister (gewesen), und keiner ist (war) so an der nationalen Sicherheit interessiert wie er. Also wird er sich dabei was gedacht haben. Aber was? Das hat keiner begriffen, außer ... stimmt, mir natürlich. Und deshalb muss ich ihm jetzt beistehen und ein Stück weit für Erklärung sorgen:

Tausende von heranwachsenden Freizeitkillern ballern tagtäglich vor dem Bildschirm visuelle Opfer in die Leichenschauhäuser, dass es nur so kracht und spritzt. Denen könnte man natürlich sagen: »Och, Kind, lass das jetzt mal besser. Das ist aber gar nicht gut für deinen Seelenfrieden, für deine Entwicklung. Guck mal, da wirst du vielleicht mal'n Mörder oder so – willst du das denn?« Das ist genau so wirkungsvoll wie: »Du, lass das mal mit dem Rauchen und so. Das ist nämlich gar nicht gut für deine Gesundheit. Da wirst du noch krank von.« Da haben ja auch alle sofort mit der Qualmerei aufgehört. Darum sind jetzt diese poppigen Bildchen auf den Packungen. »Rauchen tötet« hat da auch noch nicht gereicht. Also: Tumore, verkleisterte Lungen, abbe Beine, schwarze Zähne, Loki und Helmut Schmidt. Das soll wirken!

So ist das mit der Ballerei auch. Wer immer nur am Bildschirm Blut spritzen sieht, der verliert den Bezug zur Realität. Erst wer tatsächlich und real seinen Nachbarn mit der Schrotflinte durch die Lorbeerhecke gemäht hat, der versteht, was man mit so einer Waffe wirklich anrichten kann. Das schreckt ab!

Dazu kommt dann noch sein Hang zur totalen Videoüberwachung unseres friedliebenden Landes – auch wieder an den Bedürfnissen der so gefährdeten Jugend orientiert, denn: Wie verhindert man am besten, dass die Heranwachsenden sich mit diesen schlecht gemachten, völlig verpixelten Gewaltvideos auf ihrem fuzzeligen Handybildschirm die Augen verderben? Klar, indem man ihnen erst die echten Waffen verpasst, sie dann dabei filmt, wie sie ihren Schulhof leerschroten und ihnen dann abends in der Tagesschau die scharfgestochenen Bilder zum Abendbrot serviert. Die kann man dann schön auf DVD brennen und beim nächsten Faustlos-Projektnachmittag in der Aula zeigen. Das wirkt mit Sicherheit.

Das Einzige, was mir tatsächlich Sorgen macht, das ist dieser indirekte Weg zur Waffe – diese fast schon erzwungene verfassungswidrige Beschaffungskriminalität. Denn man kann eben nicht einfach losschlappen, mittwochs zu Aldi, donnerstags zu Lidl, und mal eben die familienfreundliche Schnäppchenpackung kaufen, mit der Pumpgun für Vaddi, der Derringer für Muddi, dem Colt oder dem Revolver fürs Burschi und der pinkfarbenen Barbie-Pustwumme für Klein-Bonnie. Nee, man muss in einen Schützenverein, und das ist schon eine gewaltige Hemmschwelle. Wer will schon sonntags bei Volksmusik in schlecht sitzenden Uniformen lauwarmes, abgestandenes Fuselbier saufen, sich Geschichten von vor dem Krieg anhören und über Ausländerwitze lachen müssen, nur um an die Knarre zu kommen?

Mensch, Wolfgang, das war zu kurz gedacht. Damit kriegst du unsere Jugend nicht an die Gewehre. Da muss man sich schon was Besseres einfallen lassen. Deutschland sucht den Heckenschützen oder die Killerstars. In der Jury die deutsche Variante von Charlton Heston … Okay, da fällt mir so spontan keiner ein.

Vielleicht hat er aber auch genau deswegen das Ressort gewechselt, vom Innen- zum Finanzminister. Man kann über ihn ja sagen und schreiben, was man will. Aber er nimmt sich wirklich keiner Sache an, mit der er nicht selbst so seine Erfahrungen gemacht hat: Schusswaffen, Schützenvereine, Waffenhändler, Parteispenden, Staatsfinanzen … Tja, so rollt der Rubel.

Kohl besorgt die Kohle,
Schieble schäubt sie weg,
Kanther kannte alles,
auch den wahren Zweck.
Leisler wird schon etwas leiser,
doch sein smiling kiept noch immer,
irgendwann, das weiß er,
wird es eh noch schlimmer.
Merkel merkt's
und spricht von Klarheit.
Blüm weiß längst, was ihnen blüht.
Rühe fordert endlich Ruhe
und wirkt nicht so ausgerüht.
Koch kocht weiterhin sein Süppchen,
das die Hessen fressen sollen.
Geißler geißelt Vodoo-Püppchen
und verteilt im Geist die Rollen.
Biedenkopf schüttelt sein Biederköpfchen
und hält sich diskret zurück,
denn er glaubt – schreibt
Schreiber alles,
lächelt ihm das große Glück.
Kohl besorgte nur die Kohle
und verkohlte die Nation.
Doch er handelte stets christlich
nur im Sinne der Union.

Teekesselchen:
Mein Deutschland ist helle,
mein Deutschland hat Mut.
Mein Deutschland hat Helmut,
und das ist nicht gut!

Ulrich Faure

Klagefreudiger Promi-Anwalt Christian Schertz

Nach Sachlage – wie der Jurist sagt – ist es dringend angeraten, bei diesem Beitrag Passagen, die eine **Meinungsäußerung (M)** *darstellen, und die, die* **faktische Tatsachenbehauptung** *sind* (F), *deutlich und unverwechselbar zu kennzeichnen.*

Geboren 1966 (F) als Sohn eines ███████████████████ (F), was vermuten lässt, er habe eine ████████████████ genossen (M), die er bei seinem ████████ vor Gericht aber ██████████ ████████████.

Wie er damit umgeht, dass das internationale Lexikon des Halbwissens (M), die Wikipedia, ihn beharrlich ignoriert (F), weiß man nicht (M). Da aber alle seine toten und lebenden ██████, für deren valide oder postume Persönlichkeitsrechte ██ ████ (F), in dieser Datenhalde (M) verzeichnet sind (F), darf man sicher sein, ████████████████████████████████████.

In dem von ihm mit herausgegebenen Buch »Rufmord und Medienopfer« (F) (das ihm von den Medien ████████ ██████ ██████████ wurde, weil just darin ein Beitrag ████████ am verstorbenen Schauspieler Ulrich █████ betrieb (F – so zumindest schrieben sehr ausführlich die *WELT* vom 15.1.2008 und die *FAZ* vom 2.3. 2008), gibt er an, 1996 zu »Fragen der kommerziellen Auswertung von Persönlichkeitsrechten« promoviert worden zu sein (F).

█████ eben nicht nur das. In der Promikanzlei █████ (da hieß er noch »████████ ██████«) muss er das ████████████ gelernt haben, mit Persönlichkeitsrechtsklagen ████████████████████████. Was ihm seine Klientel (z.B. ████████████████████, ████████████████████████████████████ sowie mancher sich temporär für bedeutsam haltende ████████ – M) für seine Einsätze █████, weiß man nicht. Klageansätze, um Bücher ████████ zu kriegen, ████████████ ████████████████████████████████, gibt es natürlich viele. Schon ein vertipptes Datum kann ██████████████ ████████████████████ werden (F) und █████ für eine einstweilige Verfügung sein – und wer suchet, der findet ████████████,

██████████████████████████████████.

Mit deutlicher Bevorzugung des späten ██████████████ lässt ████████████████████████ dann die Redaktionsfaxe qualmen – Zeiten, in denen Mitarbeiter, die das V.i.S.d.P. vor dem Vornamen haben, selten mehr ███████████████ sind (F). Bis ██ solle man sich dann in aller Regel ███████████ – und an den angesagten Streitwert im sechsstelligen Eurobereich hat man sich spätestens beim dritten Mal gewöhnt (M). Mit solchen ██████ hat er sich bei der deutschen Presse ganz allgemein außerordent-lich ██████ gemacht (M) – man merkt es am Ton, in dem Presse-organe die ████████████ Niederlagen des ████████ feuilletonistisch reflektieren (F).

Nachteil der ganzen Geschichte (für seine ██████) ist, dass in aller Regel das, was klagemäßig eigentlich unter der Decke gehal-ten werden soll, ████████████ bekannt wird (F). Und selbst im Falle eines ███████ Sieges befleißigen Redaktionen sich sehr ████, ████████ das noch einmal zu drucken, was sie von nun an nie wieder behaupten wollen, weil es ihnen ████████████ ██ wurde (F) – deutsches █████████ ist halt nicht ███ (F).

Wer aber ███████████ nicht vor Gericht erlebt hat, weiß gar nicht, wovon er redet (F). Wie der vermutlich ███████████ ██ (M) ████████████ dem Richter über den Mund fährt, selbst bei Ermahnungen, die ███████████, das ganze Gegenteil ██, durch den ████████ fegt, als ██ eine Dienstbotenstube, auf der ██████bank ████flegelt und vor seine Nase gehaltene ██ ████████████████████, das ██ seine eigene ███████ ███ Unart (M).

Man wähnt sich (als Nicht-Jurist – F) nicht mehr an dem heh-ren Ort, wo Recht und Ordnung ███████, sondern fühlt sich fast schon auf ████████████████████████████████████ ████████████████████████████, und auf einmal wundert man sich auf einmal gar nicht mehr, dass die ███████ so aus-sieht, ████████████████████████ ████████.

████████ *Vorauseilende Schwärzungen, die dem Anwalt die EV und uns die Mühe, darauf zu reagieren, ersparen sollen.*

Wolfgang Seidel
Räder müssen rollen ...
Hermann Schöntag

Alles begann mit einer Männerfreundschaft. Peter Kuhn, nein, nicht der Pianist und Bandleader Paule, auch nicht Dieter Thomas, aber auch ein Kuhn mit hohem Unterhaltungswert und zugleich FDP-Landespolitiker sowie Hermann Schöntag, in der Folge umtriebiger Firmengründer, führten gemeinsam eine Baufirma. Als in den 90er Jahren die Baueuphorie nachließ, kam es zur zweimaligen verspäteten Insolvenz. Man kennt das – und nun?

Mit öffentlichen Geldern lässt sich besser haushalten, dachten sich die Freunde aus Studientagen und erinnerten sich an ihre gemeinsamen, sorglosen Zeiten und das Studentenwerk. Genauer, an das Studentenwerk Ludwigsburg/Weingarten e.V. im Musterländle Baden-Württemberg. Hier wurde Kuhn Vorstand und Schöntag Geschäftsführer. Da die beiden schon in ihrer Bauära im buchhalterischen Sinne nicht so recht bilanzsicher waren, gerieten auch hier einige Gelder in andere Töpfe – falsche, wie später das Amtsgericht Biberach befand. Zwischen 2001 und 2005 fehlten dem Studentenwerk mehr als 1,3 Millionen Euro, die vermutlich – wer wollte das 2008 noch nachweisen – über Schwarzarbeit oder fingierte Rechnungen in Vorstandstaschen landeten.

Aber bevor diese Steine ins Rollen kamen, rollten bei Schöntag schon immer andere Räder. An der Eisenbahn hing sein Herz. Zunächst an der bekannten »Schwäbischen«, in deren Gebiet eine 750-mm-Schmalspurbahn, genannt Öchsle, von Ochsenhausen nach Warthausen fährt. Die von Schöntag geführte Schmalspurbahn GmbH hielt ab 1996 den Museumsbahnbetrieb aufrecht, bis er im Jahr 2000 wegen nicht mehr betriebsfähiger Dampfloks und Oberbaumängeln eingestellt wurde. Wie so oft waren es wieder Kreis, Kommunen und Sponsoren, die der Firma aus der Patsche helfen mussten.

Schöntag hatte zudem bereits 1999 die auflagenstärkste deutsche Eisenbahnzeitschrift *Modelleisenbahner,* die aus der DDR stammte, im eigens gegründeten MEB Verlag aus der Landeshauptstadt Stuttgart übernommen und im heimischen Bad Waldsee (bei Biberach) angesiedelt. Das ging bis September 2006 gut, dann wurden die Einnahmen für andere Aktivitäten benötigt. Schöntags Blick richtete sich vom beschaulichen Schwaben ins raue Norddeutschland, auf die tourismusgeboomte Insel Rügen. Dort »rast« der »Roland«, die Rügensche Kleinbahn, von Lauterbach über Putbus nach Göhren. Die Deutsche Bahn AG, an Nicht-ICE-trächtigen Strecken wie stets desinteressiert, hatte diese Ost-Reichsbahnaltlast in den 90er Jahren abgewickelt, und das Land Mecklenburg-Vorpommern und der Kreis Rügen hatten diese an den Privatbetreiber Bernhard von Engelen verkauft. Nachdem dessen andere Unternehmungen gescheitert waren und er Anfang 2004 Insolvenz anmelden musste, waren bei der Rügenschen Kleinbahn 8 Millionen Euro offene Verbindlichkeiten aufgelaufen. 1,6 Millionen Euro sollen zweckentfremdet verwendet worden sein. Nach einem Possenspiel des Verkaufs und umgehender Rückübertragung, zeitweiser Stilllegung und Gleisabbau, fand sich im November 2004 mit Herrn Schöntag ein potenter Käufer. »Über den Kaufpreis des mit den Millionen verschuldeten Unternehmens wurde Stillschweigen vereinbart.«

Vom Sammlertrieb an Firmen und Fahrzeugen gepackt, hatte Schöntag inzwischen unter persönlichem Namen und den Unternehmen Öchsle Schmalspurbahn GmbH, Rügensche Kleinbahn GmbH & Co., Rügensche Kleinbahn Verwaltungs-GmbH, Deutsche Klein- und Schmalspurbahn Verwaltungs-GmbH und MEB Verlag GmbH ca. 15 Loks und 30 Wagen »erworben« und u. a. in Straupitz, bei der ehemaligen Spreewaldbahn, abgestellt.

Zwei Jahre fuhren die Bahnen auf Rügen. Schöntag war als Verleger des *Modelleisenbahners* ausgeschieden, als der Garten-Modellbahnhersteller Lehmann (LGB) in Nürnberg, ein vor 125 Jahren in Brandenburg gegründetes Traditionsunternehmen, in wirtschaftliche Schieflage geriet. Und wieder erwies sich Schöntag als Retter in der Not und empfahl sich als Branchenkenner (aus MEB »Öchsle« und RükB).

Drei Tage vor Heiligabend 2006 jubelten Belegschaft, Gläubiger und Insolvenzverwalter.

Schöntag gründete die »E. P. Lehmann GmbH & Co. KG«, eine internationale Wirtschaftsberatungsagentur fädelte den Deal ein. Bereits vier Monate später musste der »Retter« Insolvenz anmelden.

Wie weit ist es von Nürnberg bis Biberach, wo seit längerem die Staatsanwaltschaft gegen Schöntag ermittelte?

Besonders durchlässig scheint die Ländergrenze zwischen Bayern und Baden-Württemberg nicht zu sein. Die Kanzlei des LGB-Insolvenzverwalters erhielt erst durch den Anruf einer schwäbischen Polizeibeamtin, dank deren aufmerksamen Zeitungsstudiums, Kenntnis von Schöntags Vorleben.

Wie weiter mit LGB? Nach Schöntag stieg der Modellbahnmarktführer Märklin ein, die Aktienmehrheit übernahm die Investmentbank Goldman Sachs, die Mehrheit bei Märklin hielt der Hedgefonds Kingsbridge Capital. Im Februar 2009 meldete Märklin nach 150 Jahren Insolvenz an. 40 Millionen Euro Honorare an Berater sollen geflossen sein.

Gegen den »Bahnfan« Schöntag liefen inzwischen in Biberach – seit 2004 – nicht nur Ermittlungen, zeitweilig saß er in U-Haft, und im März 2008 wurden er und Peter Kuhn zu Bewährungsstrafen für die Studentenwerksgeschichte verurteilt. Gegen Ersteren läuft noch eine Zivilgerichtsklage des Studentenwerks über die Rückzahlung von 1,5 Millionen Euro.

Die RüKB wurde im Dezember 2007 von der sächsischen Pressnitztalbahn GmbH übernommen, seit Ostern 2008 läuft der Betrieb wieder planmäßig.

Schöntag ist inzwischen im Alltagsleben angekommen. Nicht nur beim Kauf einer Eisenbahnzeitschrift, auch beim Erwerb von zwei Brötchen oder einem Salatkopf tönt der Ruf hinterher: »Schöntag noch!«

Matthias Biskupek

Deutsche Wertarbeit
Karlheinz Schreiber

In Deutschland bürgert sich das schnelle, urplötzliche Schießen auf Zivilisten ein. Oder soll man sagen: Es macht Schule? Mit klammheimlichem Stolz bleibt festzustellen: Nach den unangefochten führenden USA ist die Bundesrepublik dabei, die Silbermedaille im Amok-Schießen in ausgewählten Bildungsbereichen zu erringen.

Nun werden die meist jugendlichen, nichtsdestotrotz trefflichen Schützen durch Trainingsmöglichkeiten an Computern geschult. Doch irgendwelche Killerspiele allein, die von wem auch immer entwickelt und vertrieben werden, bringen keinen Läufer zum Amok. Wo ein Wille ist, muss auch eine Waffe dabei sein.

Eine einzelne Pistole, zwei kleine Pumpguns oder eine Hucke voll MGs allein aber machen noch immer keinen Waffen-Staat. Massenhaft müssen die Vernichtungsgerätschaften hergestellt und vor allem gehandelt werden. Das Wort »Waffenschieber« führt in die Irre, denn nichts wird da auf die lange Bank geschoben. Schnell und reibungslos gelangen die Schießprügel in Krisengebiete – und manchmal von dort zurück in die flinken Hände einer privaten Schießwirtschaft.

Der Name Karlheinz Schreiber steht heute für deutsche Wertarbeit im Waffenschiebergeschäft. Ein Schreiber ist einer, der nichts selber tut, sondern allenfalls notiert. Der bei Nordhausen in Thüringen gebürtige blonde Herr von rundlich-jovialem Wesen gibt allen seine Hand für sein Handelsprodukt. Waffengeschäfte weltweit, die für zwei Patschhändchen eigentlich zu viel sind. Bis zum Renteneintritt 1999 war er unermüdlich zum Wohl privater Vaterlandskrieger tätig. Doch er hatte und hat seine Spezln, besonders in Bayern, wo auch seine Spezl-Partei mit dem sozialen Hintergrund herrscht. Sie schloss ihn allerdings aus, nachdem er gen Kanada verzogen war. Denn mia san von hia und bleim aa hia.

Zuvor aber hatte er viele verschlossene Umschläge an allerlei Politiker verteilt, die zu einem vernünftigen Schurkenstaat gehören wie das Salz in der Suppe bzw. das trockene Pulver auf der Pfanne. Seine Bodenständigkeit zeigte sich darin, dass er selbst einfachen Landräten dieses oder jenes Geldgeschenk zukommen ließ – der ganze Karlheinz war immer ein Spürpanzer von echtem Schrot und Korn, mal als Fuchs, mal als Leopard getarnt.

Wir wollen hier keinen Strauß von Namen binden, irgendwelchen Kohl erzählen oder ein Schäuble von Unflat auf honorige Persönlichkeiten werfen – Karlheinz Schreiber hatte seinen Pfahls (Ludwig-Holger) im Fleische der Waffenrepublik Deutschland stecken. Dieser Gute musste denn auch brummen bis zum Urteilsspruch im August 2006 – danach kam der Ex-Staatssekretär sogleich frei.

Karlheinz hingegen wurde schon seit 1999 gesucht, obwohl man wusste, dass er in Kanada lebte. Die dortigen Behörden baten ihn mehrmals zur Auslieferungshaft. Gelegentlich trat er sie auch an, bis er wieder austreten durfte. Schreiber hatte sich im Laufe der Jahre zum Pendelstrafverfolgten entwickelt. Mal fuhr er ein, mal saß er, dann lief er wieder auf freiem Fuß herum.

Das von ihm als Rüstungslobbyist verdiente Geld musste er zuvor anlegen – Ende 2007 war es eine knappe Million Euro, die er für eine Kaution hinzublättern hatte. Dafür kann man eine ganze Menge Pumpguns kaufen. Rechnen wir mal hoch: Mit einer Million ließen sich mehrere hundert Amokläufe finanzieren. Wenn die Amokläufer sich die Ninja-Masken borgen und die Munition aus elterlichem Gewahrsam holen, wird das Ganze noch preisgünstiger.

Die besorgten Eltern sollten aber zuvor auch bei den zuverlässigen Waffenlieferanten dieser deutschen Welt bestellt haben. Merke: Überm Waffenschieberhimmel muss ein guter Schreibervater wohnen. Denn noch ist keine Patrone so harmlos verpackt, dass sie nicht doch ihren Weg ins weiche Ziel findet.

Im August 2009 scheiterte sein Bleibe-Versuch zum vierten Mal. Seither sitzt er in Augsburg ein, allerdings nur wegen Steuerbetrugs angeklagt. Angeblich ist er blank.

Peter Köhler

Der Mann mit dem Bleifuß

Michael Schumacher

Motoren quietschen, die Luft hängt voller Blech und Benzin.
Reifen heulen, irgendwo röhrt ein Boxenluder. Zentnerschwere
Testosteronpfützen sprenkeln den Asphalt. Da! Ein roter Hai-
fisch schießt mit schmurgelnden Bremsen in die Boxengasse. Wie
flinke Ameisen wimmeln die ameisenhaft flinken Techniker von
Ferrari um den dampfenden, zitternden Boliden, der nach wenigen Sekunden wie ein gigantischer Schlagbohrer auf die kochende
Rennstrecke hämmernd zurückdonnert. Mit angehaltenem Atem
verfolgt ein vieltausendäugiges Publikum, wie der Spitzenferrari
eine Runde nach der anderen mit der Präzision eines 350 Stun-
denkilometer schnellen Buchhalters wegschafft und allen Konkurrenten einen langen Auspuff dreht. Schon ist es so weit: Wie ein
Zäpfchen saust Michael Schumacher in die Zielkurve. Die Nummer 1 ist wieder die Nummer 1! Die anderen werden erst lange
nach Sonnenuntergang ankommen. Bis dahin hat der beste For-
mel-1-Fahrer aller Zeiten und unerreichbare Champion des Kreis-
verkehrs längst ein paar Früchtchen genascht und für die Kameras
ein Lächeln oberhalb seines Kinns geformt. Wenn dann endlich
die nächsten zwei Fahrer eingetrudelt sind und zur Siegerehrung
pro forma mit aufs Treppchen dürfen, spritzt Schumacher schließlich voll den Sekt und hakt den Tag ab.

Das war die Welt, in der der siebenmalige Formel-1-Weltmeis-
ter und 91-fache Sieger eines Grand-Prix-Rennens zu Hause war
und die er seit seinem Rücktritt immer mal wieder mit Come-
back-Gerüchten ausfüllte. Er fühlt sich auch heute noch dort zu
Hause, wenn er nicht daheim ist. Doch wie ist er bei sich daheim?
»Ich bin vom *Eulenspiegel* und möchte eine Homestory über Sie
schreiben«, hatte ich am Telefon gesagt. »Vom *Spiegel*? Da darf ich
wohl schlecht Nein sagen«, hatte er geantwortet, und nun bin ich
mit vollem Bleistift da, in Vufflens-le-Château bei Genf, wo Schumacher sein Domizil aufgeschlagen hat.

Der Kontrast könnte nicht krasser sein als ein 900-PS-Mo-
tor. Still ruht der Berg, in der Nähe ragt der See tief hinunter, und
die Luft, die an Schumachers Arbeitsplatz schwarz und dick wie

Teer war, ist hier weich wie ein winziges Vögelchen, das man zwischen den Fingern verreiben möchte. Alles hier singt leise Sauberkeit, Beschaulichkeit und Nettigkeit. Es ist eine geradezu feminine Welt.

Der Hausherr empfängt mich persönlich, weil das noch besser klingt als: Der Hausherr empfängt mich. Auch ein Schumacher hat nicht jeden Tag einen gestandenen Journalisten zu Gast! »Lassen Sie ruhig die Schuhe an«, sage ich zu ihm und trete an ihm vorbei in den Salon.

Der sachlich möblierte, ganz unglamouröse Raum atmet kühle Nüchternheit, nicht ganz so warm wie ein Operationssaal. »Nehmen Sie doch Platz«, fordere ich den sympathischen Wahlschweizer auf und setze mich. »Rauchen Sie?«, frage ich, und als er verneint: »Aber ich!« Doch leider habe ich meine Zigaretten vergessen – das ist zwar nicht seine Schuld, aber ganz freisprechen kann ich ihn nicht. Schließlich bin ich hier doch nicht in einer Kneipe, wo Rauchen gesetzlich verboten ist!

Auf dem Tisch ist genügend Platz, sodass ich mich für meine Arbeit ausbreiten kann, nachdem ich mich gesetzt und die Füße hochgelegt habe. Die Spielsachen seiner Kinder habe ich mit meinen Beinen zur Seite geschoben, ich weiß schließlich, was sich gehört. »Kommt, geht draußen spielen«, sagt Schumacher und mahnt seine Kinder sogar mit Namen: »Mick, Gina Maria!« Schumacher kennt also mehr als nur die Namen der Formel-1-Rennställe! Ich bin ganz angetan von meinem journalistischen Spürsinn.

Schumachers Familie zählt vier Köpfe, so viele wie ein Rennauto Räder hat, und jetzt kommt das vierte Rad am Wagen wirklich: Schumachers Frau Schumacher, mit Vornamen Corinna, schneit herein und serviert Kaffee und Kekse.

Aber so leicht lasse ich mich nicht bestechen! Vielmehr schieße ich meine erste kritische Frage ab: »Herr Schumacher, Sie wurden im Dezember 2006, nach Ihrem Rücktritt von der aktiven Formel 1, zum zweiten Mal nach 1995 zu Deutschlands Sportler des Jahres gewählt. Die deutschen Fernsehzuschauer ernannten Sie zum Sportler des Jahrhunderts. Weltweit erstarrte der Globus vor Ihrem Nimbus. Keinem Konkurrenten ließen Sie zu Lebzeiten den Zipfel einer Chance!«

»Nehmen Sie doch einen zweiten Keks«, erwidert der Rennfahrer.

»Ich habe mich nämlich informiert!«, setze ich die Befragung unbeirrt im Stil eines Profis fort und schaufle mir einen Haufen Kekse als Vorrat in die linke Hand. »Kein anderer Fahrer hat so viele Rennen wie Sie gewonnen und wurde so oft Weltmeister der Formel 1. Und die Formel 1 ist die höchste Klasse im Automobilrennsport! Man bezeichnet sie auch als Königsklasse. König nennt man den Herrscher in einer Monarchie. Königs ist der Genitiv von König«, bohre ich weiter. »Was sagen Sie dazu?«

»Ja«, sagt der beliebte Formel-1-Pilot. »Noch Kaffee?«

Ich schenke mir nach und blicke mich um: Die Wände hier im Herzen von Schumachers Heim sind glatt wie sein Charakter und genauso leerrasiert. »Apropos glatt«, nehme ich den investigativen Faden knallhart wieder auf. »So glatt, wie Sie tun, sah es für Sie, den in Hürth-Hermülheim bei Köln geborenen Kerpener, nicht immer aus! Ihr Vater zog als Ofenbauer mit einem Wohnwagen durchs Land, der nicht viel Geschwindigkeit machte, und verdiente sich später eine Zusatzwurst mit einem Imbissstand an der Kerpener Kartbahn, auf der Sie seit Ihrem vierten Geburtstag mehr oder weniger lebten. Oft gab es nur Schmalhans zu Mittag, und noch als Siebzehnjähriger spulten Sie eine Lehre als Kfz-Mechaniker ab.«

»Tja«, bestätigt der freundliche Vufflens-le-Châteauer, der sich in meiner Gegenwart keinen Kaffee nachschenkt und auch nicht von den Keksen nascht, damit ich mich weiterhin ordentlich bedienen kann, während er verstohlen auf die Uhr linst.

»Wir haben noch viel Zeit«, beruhige ich meinen Gastgeber und schalte in meinem Interview einen Gang höher: »Zeit genug, um zum Beispiel einen Kognak zu trinken!« In der Tat stehen gleich ein Schwenker und eine Flasche Rémy Martin auf dem Tisch, die ich nach dem Einschenken in meiner Jackentasche verschwinden lasse. »Sie trinken als Fahrer ja keinen Alkohol«, bemerke ich zu dem einst mit 70 Millionen Euro pro Kinn und Jahr bestbezahlten Sportler der Welt und fahre in meiner strengen Berufsarbeit als Reporter fort: »Sie waren schließlich immer solide, anders als Ihr mittlerweile etwas abgesunkener Bruder Ralf, der schon mal in einem scharfen Girl Vollgas gab und sich außerhalb des Cockpits von einem Paar Busen einheizen ließ. Aber bestimmt wollten auch bei Ihnen viele Mädchen unter die Räder kommen, was? Oder darf das wirklich nur Corinna, die du, äh: Sie 1995 Ihrem besten Freund Heinz-Harald Frentzen ausgespannt hast?!«

»Sie wollen jetzt vielleicht besser gehen?«, höre ich aus dem Hintergrund eine Stimme, wenn auch eine Oktave zu hoch – Corinna?! Sollte die nicht besser das Abendessen zwanglos vorbereiten?!

»Gehen? Wer lässt sich hier gehen?! Ich bin eine freie Presse!«, höre ich mein eigenes Organ, das Organ der vierten Gewalt im Staate, sich mutig aufrichten und fahre beharrlich in meiner aufklärerischen Arbeit im Dienst einer kritischen Öffentlichkeit fort, nachdem ich den randvoll gefüllten Schwenker um ein paar kräftige Schlucke erleichtert habe. »Herr Schumacher, Ihre tolle Karriere, alles, was recht ist!«, komme ich scharf auf einen wichtigen Kasus knacktus zu sprechen. »Sie haben doch schon 1990, erinnern Sie sich, beim Saisonfinale der Deutschen Tourenwagenmeisterschaft auf dem Hockenheimring, da darf ein gewisser Schumacher als Gastfahrer für Mercedes erstmals mitfahren, wissen Sie noch?, und da schießen Sie gleich in der ersten Kurve den feindlichen BMW des Tabellenführers Johnny Cecotto aus allen Meisterträumen ab, was ein Zufall, wie? Und ähnlich gut klappt es 1994 beim Finale der Formel 1, da knallt doch besagter Schumacher, Michael, ja, ja, da knallen Sie doch Ihren Rivalen Damon Hill so geschickt an die Rampe, dass sie beide ausscheiden und ausgerechnet der knapp in der Jahreswertung führende Schumacher sich seinen ersten WM-Titel ans Kinn heften kann, echt gelungen! Nur 1997, da patzt dieser Schumacher, dieser ach so tolle Schumacher, beim Versuch, den in der WM führenden Jacques Villeneuve an die Betonwand zu klatschen, und wird wegen Unsportlichkeit gleich aus der kompletten Saisonwertung gestrichen, du Sack! Und ich kann meinen Lesern noch einiges mehr erzählen!« – Das lasse ich jedoch, nachdem ich jeden Bestechungsversuch unter Hinweis auf 20 Euro, die ich aktuell gut gebrauchen könnte, abgelehnt habe.

»Sie sind der beste Rennfahrer aller Zeiten und Räume, ein S-Supermann auf vvvier Rädern!«, rufe ich danach mit entsprechender Begeisterung im Blut und schlürfe den letzten Funken Cognac aus dem Schwenker. »Und d-das in diesem Beruf, wo d-dauernd der Dings lauert, na ich meine, wo schon so viele in den Asphalt gebibissen haben! Und du hast doch auch fünfzehn schewere Unfälle auf dem Buckel, bei den' manchmal kein 'nochen auf dem anderen bleiben zu bleiben schien! Ich, ich wimmere schon, wenn ich mir einen Sch-Sch-plitter in die F-Fingerkuppe ra-rein-ziehe, Mmmmann, ey!«

»Tja«, sagt Schumacher.

»Menno, Michael, Micki, d-du bedauerst es dodoch bestimmt auch, dass du die Reifen an' Nagel hängt hast oder? Alte Benzinratte! Mir machst du doch nichts vor! Du hättst do' noch x-mal Wwweltmeister wer'n könn' woll'n, bestimmt! Un jetz biste für Frarri Talennsucher bei Gokattrenn', da lach'n ja die Hhh-, die Hühü-, naduweißschon! Dabei juckstes dir doch innie Füße, machstoch ab'n zu'n Tessfahrer für Rrarri oder so!«

»Unser Gast will sich verabschieden«, lässt sich Frau Schumacher vernehmen.

»Ach j-ja?!«, rufe ich, »un mein' Atikel, was is mit mein' Atikel?!«

»Der wird eins a«, schiebt mich Michael Schumacher zum Ausgang, »schreiben Sie einfach die Wahrheit!«

»Äh, k-klar, sssowieso!«, rufe ich noch, dann stehe ich auch schon draußen, mit einem Abdruck seines Bleifußes im Hintern.

Christoph Hofrichter

Wahlversprecher
Wolfgang Schuster

Wolfgang Schuster wurde 1996 zum Oberbürgermeister von Stuttgart gewählt.

Aus berechtigter Angst um seine Wiederwahl 2004 versprach die »große Nullität aus Ulm« eine Volksabstimmung einzuleiten, insofern das geplante Milliardenprojekt »Stuttgart 21« die vorgesehenen Kosten übersteigen sollte.

Als sein grüner Gegenkandidat Boris Palmer daraufhin zurückzog, gewann er die Wahl für weitere sechs Jahre.

Von seinem Versprechen wollte er nun nichts mehr wissen, obwohl die Kostenberechnungen für das größenwahnsinnige Bauprojekt »Stuttgart 21« inzwischen explodieren.

Es ist vorgesehen, für ca. 3 Milliarden Euro den alten Stuttgarter Hauptbahnhof des Architekten Bonatz, während und nach dem 1. Weltkrieg erbaut und ein vertrautes Wahrzeichen von Stuttgart, durch einen unterirdischen Durchgangsbahnhof zu ersetzen. Eine vollständig neue Gleisführung und viele Kilometern Tunnelbau: Die Innenstadt von Stuttgart würde ab 2010/11 für ungefähr zehn Jahre zur Großbaustelle werden, Verkehrschaos und Baulärm, bis zu 750 LKW am Tag für den Abtransport des Erdaushubs. Der Zeitgewinn: etwa 3 Minuten auf der neuen ICE-Trasse, gegenüber dem Alternativprojekt der Gegner, das einen Erhalt des alten Kopfbahnhofes vorsieht und einen Teil der alten Streckenführung beibehalten will, bei einem Bruchteil der angenommenen Baukosten.

Eine Unterschriftenaktion zur Erzwingung des versprochenen Volksbegehrens im Herbst 2007 erbrachte nicht nur die erforderlichen 20 000, sondern weit über 60 000 Unterschriften, in weiteren Umfragen lehnte die Bevölkerung das »Milliardengrab Stuttgart 21« mehrheitlich ab, bei der Kommunalwahl 2009 wurden die »Grünen« als Projektgegner deshalb stärkste Fraktion im Gemeinderat.

Trotzdem wurde die Volksbefragung von Oberbürgermeister Dr. Schuster und seines CDU-SPD-FDP-Freie-Wähler-Gemeinderates aus formaljuristischen Gründen mehrheitlich verworfen: »Die Fragen auf der Unterschriftenliste sind zu spät gestellt worden.« Das Stuttgarter Verwaltungsgericht bestätigte diese »Bauernfängerei«, denn über Jahre war das Projekt still an der Bevölkerung vorbeigeplant worden. Erst als die Verträge des Millardenprojekts in »trockenen Tüchern« schienen, kam es an die Öffentlichkeit.

Der Bundesrechnungshof hat nun »Stuttgart 21« statt der von Dr. Schuster, der Landesregierung von Baden-Württemberg und der Deutschen Bahn AG auf 3 Milliarden bezifferten Kosten auf 7 bis 8 Milliarden geschätzt, das unabhängige Gutachten der Architektengruppe Vieregg/Rössler aus München, die auch den »Transrapid« zu Fall gebracht hatte, beläuft sich auf 6 bis 9 Milliarden Euro Gesamtkosten.

Der Herr Oberbürgermeister Dr. Schuster freut sich, gemeinsam mit der Bauindustrie und den Immobilien-Haien, auf das größte Betongeschäft in der Geschichte Stuttgarts und lächelt weiter dümmlich in die Kameras.

Bei Redaktionsschluss des Almanachs waren die offiziellen Baukosten bereist auf 4 Milliarden Euro gestiegen, so dass der vorgegebene »Reservetopf« für die Gesamtbauzeit nur noch 500 Millionen Euro beträgt.

Dagmar Enkelmann

Die »rote« Schwan

Gesine Schwan

Eine »rote Schwan« war Gesine Schwan für ein großes überregionales Blatt (*Süddeutsche Zeitung*). Nun – es gehört in der Bundesrepublik offenbar recht wenig dazu, in die »rote« Ecke abkommandiert zu werden: Im Falle Schwans reichten Zweifel an neoliberalen Heilsversprechen und an der politischen Unberührbarkeit der LINKEN.

Einige Beispiele für die linken Federn, mit denen sich Schwan nach der für die SPD so desaströsen Bundestagswahl schmückte: Für die ehemalige Präsidentin der Viadrina-Universität hatte die SPD, analysierte sie, in den 90er Jahren die Entsolidarisierung der Gesellschaft »nicht deutlich genug bekämpft, sondern hat im Gegenteil sogar noch mitgemacht, in der Bildungspolitik und indem sie de facto die Arbeitslosigkeit zum Ergebnis individuellen Versagens erklärt hat«. (Interview in der *Berliner Zeitung*)

Auch hielt sie die Moralisierung des Verhältnisses zur Linken durch die Konservativen immer für ein Machtkalkül. Schwan, die sich selbst als »prononcierte Antikommunistin« sieht, meinte, ihr Zugehen auf die LINKE vor der Bundespräsidentenwahl habe zum Ziel gehabt, »das völlig irrationale Tabuisieren der Linken zu überwinden und zu einer normalen argumentativen Auseinandersetzung zu kommen«. Darauf wird noch zurückzukommen sein.

Aus purer Verzweiflung hatte die SPD im Frühjahr 2008 ihren Bundespräsidentenpersonalvorschlag von 2004 erneut aus der Tasche geholt. Beim ersten Mal war Frau Schwan nur deswegen zum Zuge gekommen, weil die schwarzen Mehrheiten klar schienen. Da wollte sich natürlich kein blassroter Mann für eine vorhersehbare Niederlage hergeben. Gesinchen kämpfte tapfer – und verlor.

Horst Köhler erhielt damals 604 Stimmen der Bundesversammlung, Schwan 589 – exakt 41 mehr, als SPD und Grüne zusammen aufbringen konnten. Schwan hatte offenbar Stimmen von der PDS sowie aus dem Lager von CDU/CSU und FDP herüberziehen können.

Beim zweiten Mal wurden der ungeliebten Kandidatin die Flügel noch mehr gestutzt. 2009 – nach fünf Jahren trauter Gemeinsamkeit mit der Union – setzte die SPD-Spitze ganz auf die Wahlstrategie: Anti-Links, ewige Treue zur Agenda 2010 und Fortsetzung der Großen Koalition.

Passend dazu hatten der ehemalige Fraktionsvorsitzende Peter Struck und der ebenso ehemalige Generalsekretär Hubertus Heil ein Jahr vor der Präsidentenkür vorschnell und gönnerhaft erklärt, Amtsinhaber Köhler sei ja so schlecht auch nicht, er habe nicht viel und das auch noch weitgehend geräuschlos getan, man könne ihm also noch einmal eine Chance geben.

Doch sie hatten nicht mit der Intrigantin, Königsmörderin, Möchtegern-Strippenzieherin Andrea Nahles gerechnet, die nicht nur bei dieser Personalie feine Fädchen gesponnen hatte. Sie zauberte den überrumpelten Herren die schon einmal ehrenhaft gescheiterte Gesine Schwan aus dem Hut. Was macht es, dass der Vorschlag leicht angestaubt und Frau Schwan inzwischen in die Jahre gekommen war. Hauptsache, die Sozis traten überhaupt wieder mal in Erscheinung.

Nur die Kandidatin war nicht so leicht zu lenken, sie ging ohne Rücksprache mit dem Ex-Vorsitzenden Beck, Nahles und Heil an die Presse und verkündete offenherzig, selbstverständlich auch um die Stimmen der LINKEN in der Bundesversammlung werben zu wollen.

Denn das unterschied 2009 von 2004: Um gegen Köhler im zweiten Anlauf gewinnen zu können, brauchte Schwan die Stimmen der LINKEN. Um diese zu werben, war unter demokratischen Gesichtspunkten und Gesinnungsleuten nichts Verwerfliches, schließlich stellte DIE LINKE in der Bundesversammlung immerhin 90 Wahlmänner und -frauen. Wenn man gewinnen will, sollte man nichts unversucht lassen!

Erwartungsgemäß provozierten die linken Avancen den Beißreflex der Schwarzen, erblickten sie doch plötzlich schon die rote Fahne auf dem Schloss Bellevue, fürchteten die drohende »kommunistische Gefahr« und sahen überhaupt ihre politischen Felle davonschwimmen. Das hatte der damalige und mittlerweile ehemalige SPD-Chef Kurt Beck nicht bedacht. Wie so manches andere auch nicht, weshalb er früher als gewollt Aufnahme in die sich rasch füllende sozialdemokratische Ahnengalerie fand.

Nach Schwans anfänglichen Freundlichkeiten gegenüber den LINKEN, denen diese fast erlegen wären, war Schadensbegrenzung angesagt. Also keilte Frau Professorin, ziemlich unprofessionell und wahllos nach links aus, traf mit spitzem Absatz hier den Lafontaine, da den Gysi, und das an Stellen, die richtig weh taten.

So versuchte sie, ihren Fehler wieder wettzumachen, und bettelte bei Münte und Steinmeier um schön Wetter. Was nun wieder Gesinchen nicht bedacht hat: DIE LINKE ist nicht für Null ouvert zu haben, die hat nämlich ihren Stolz, und vor allem Prinzipien.

Außerdem soll es ja noch mehr präsidiale Menschen im Lande geben, und also begab sich DIE LINKE auf die Suche nach einem eigenen Kandidaten. Fündig wurde man in Halle bei einem, der in den letzten Jahren am Sonntagabend zur besten Sendezeit öfter über den Bildschirm flimmerte, mit zerknittertem Mantel und ebensolchem Gesicht, der am Tresen Bier trinkend über die Ungerechtigkeiten in der kleinen und großen Welt philosophieren konnte und nebenbei den einen oder anderen Ganoven gekonnt zur Strecke brachte: Peter Sodann alias Bruno Ehrlicher.

Der Ausgang ist bekannt: Köhler wurde im ersten Wahlgang mit 614 Stimmen erneut zum Bundespräsidenten gewählt, Gesine Schwan bekam 503 und damit nicht einmal alle Stimmen von SPD und den Bündnisgrünen.

So war das Hauptziel erreicht – und also freuten sich am Ende wieder die Schwarzen. Die Sozis hatten ihren Streit – eine Kandidatin, nicht wirklich gewollt und ohne Rückhalt in der Partei – und begaben sich weiter auf der Umfrageskala abwärts. So kann es einem gehen, denn Hochmut kommt bekanntlich vor dem Fall. Ein Schwan macht noch keinen Sommer, und eine Gesine Schwan machte im Sommer 2009 aus einer SPD im Sinkflug keinen Phönix aus der Asche.

Erhard Preuk
Lob der Moderne
Peter Sloterdijk

Peter Sloterdijk ist ständiger Gast und Gastgeber im ZDF, und als solchen alimentieren wir ihn mit unseren GEZ-Gebühren. Sage also niemand, er könne nichts dafür!

Karl Marx hat konstatiert: Die Philosophen haben die Welt nur unterschiedlich interpretiert, es kommt aber darauf an, sie zu verändern.

Und endlich, endlich ist er da, der Marxist vor dem Herrn – Peter Sloterdijk. Während linke Denker noch das 89er Trauma bewältigen oder im Westen »angekommen« sind, gebiert Sloterdijk lustvoll Gedanken, die die Welt verändern werden und sie natürlich modernisieren, was auch immer das heißen mag.

Er, der Sloterdijk, hat nämlich vorgeschlagen, die öffentlichen Ausgaben des Staates künftig nicht mehr durch Steuern zu finanzieren, sondern durch freiwillige Spenden der Reichen. Die »Ethik des Gebens« wäre geradezu eine Revolution und soll die schamlose Enteignung der Reichen durch alle Art von Steuern endlich stoppen. Freiwillig gezahlte Spenden seien schließlich besser als zwangsweise entrichtete Steuern. Die heutige Gesellschaft nämlich, begründete der Gastgeber des philosophischen Quartetts im ZDF, zeige die Tendenz zur Ausbeutungsumkehrung.

»Lebten im ökonomischen Altertum die Reichen unmissverständlich und unmittelbar auf Kosten der Armen, so kann es in der ökonomischen Moderne dahin kommen, dass die Unproduktiven mittelbar auf Kosten der Produktiven leben – und dies zudem auf missverständliche Weise, nämlich so, dass sie gesagt bekommen und glauben, man tue ihnen Unrecht, und man schulde ihnen mehr.« Klar, die Reichen sind die Produktiven, denn sie machen Geld. Das Prekariat macht gar nichts. Es säuft und verprasst die zwangsweise erhobenen, also geradezu gefährlich sozialistischen Steuern. Oder, wie der Berliner Politiker Heinz Buschkowsky es in *BILD* formuliert hat: »Die deutsche Unterschicht versäuft die Kohle ihrer Kinder.«

Almosen, meint der Sloterdijk, müssen auch Almosen genannt werden. Niemand solle auf die Idee kommen können, er habe einen berechtigten Anspruch auf irgendeine staatliche Leistung. Dazu ist der Staat schließlich nicht da. Wozu er da ist, sagt er nicht.

Allen, die noch unmodern genug sind, den Sozialstaat zu verteidigen, wirft der Sloterdijk in seinem Buch »Zorn und Zeit« vor, einen künftigen (Klassen-)Genozid vorzubereiten, indem sie eine Aussage darüber treffen, »wer wen unter welchem Vorwand auszulöschen berechtigt sein soll«.

Das ist alles nicht mehr lustig, und ich muss trotzdem lachen über einen so starken geistigen Durchfall, der sich Philosophie nennt. Im Feuilleton wird so was schlicht als »Intellektuelle Unterhaltung« geortet. Nicht ganz ernst zu nehmen, aber auch nicht ganz abwegig. Sloterdijk also als Mario Barth der Philosophie.

Aber es geht ja weiter, der Sloterdijk kann einfach seine Gedanken nicht halten, er hat eine Blasenschwäche im Kopf. Als unlängst der Bundesbankvorstand Thilo Sarrazin (SPD) kritisiert wurde, weil er äußerte: »Ich muss niemanden anerkennen, der vom Staat lebt, diesen Staat ablehnt, für die Ausbildung seiner Kinder nicht vernünftig sorgt und ständig neue kleine Kopftuchmädchen produziert. Das gilt für siebzig Prozent der türkischen und für neunzig Prozent der arabischen Bevölkerung in Berlin.« Da hat der Sloterdijk sich auch entäußert und zwar so: »Man möchte meinen, die deutsche Meinungs-Besitzer-Szene habe sich in einen Käfig voller Feiglinge verwandelt, die gegen jede Abweichung von den Käfigstandards keifen und hetzen«, erklärt Sloterdijk in einem Interview mit dem *Cicero*. Sarrazin sei lediglich so unvorsichtig gewesen, auf die »unleugbar vorhandene Integrationsscheu gewisser türkischer und arabischer Milieus in Berlin hinzuweisen«.

Aber ich will ihn nicht beschimpfen, ich will ihn loben. Drückt er doch das aus sich heraus, was andere gern denken würden, aber immer noch nicht so ganz können. Er ist sozusagen der zum Kopf gewordene Arsch der Oberschicht. Das demmelt und ringt mit dem täglichen Stuhlgang. In der philosophischen Apotheke gibt's dafür den Sloterdijk. Die Risiken und Nebenwirkungen hat der Dichter und Philosoph Volker Braun mit weiser Ironie benannt: KRIEG DEN HÜTTEN. FRIEDE DEN PALÄSTEN!

Und niemand haut auf die Pauke und ruft: Falsch, ganz falsch! Es muss doch heißen: FRIEDE DEN HÜTTEN. KRIEG DEN PALÄSTEN! Die das sagen, flüstern noch.

Gerhard Zwerenz
Mit Widmung für Erika Steinbach

Soeben meldet unser PEN-Zentrum, das vom 14. bis 17. Mai 2009 in Görlitz seine Jahrestagung abhalten will, schon vorher und in aller Eile solle dort am 22. April ein PEN-Vorkongress zum Thema »Flucht und Vertreibung – Das Gedächtnis der Literatur« stattfinden, dabei gehe es »um die Rolle von Erika Steinbach«. Gut so, denke ich. Dort könnte Marcel Reich-Ranicki über seine Vertreibungen und den jüdischen Aufstand 1943 in Warschau sprechen. Ich könnte mich über den nationalpolnischen Aufstand 1944 äußern und wie ich mit polnischer Hilfe von der Wehrmacht zur Roten Armee flüchtete. Grass erzählt vom verlorenen Danzig und warum er als Soldat der Waffen-SS mitten im Wald *Hänschen klein* sang. Hermann Kant berichtet, wie er in Warschau jahrelang aufbauen durfte, was deutsche Kameraden zerstört hatten, weshalb er nach seinem Aufenthalt im Gefangenenlager Genosse wurde und Romane schrieb. Erika Steinbach aber laden wir ein, uns zu erklären, warum ihr Papa, der Besatzungssoldat, mit Familie das Land verlassen musste, das er im Krieg erobert hatte. So weit meine Vorschläge. Der PEN jedoch will, so lese ich, einige junge Wissenschaftler der 2. oder 3. Flüchtlings- und Opfergeneration aufbieten, die uns das Thema »Flucht und Vertreibung« erläutern sollen.

Anschließend wird der PEN geschlossen der SPD beitreten, wie Grass aus vormals Danzig predigt, und die Partei entschließt sich aus lauter Dankbarkeit, Erika Steinbach als deutsche Botschafterin nach Warschau zu entsenden.

Soweit mein - wie ich zugebe - etwas ironischer Kommentar we-nige Tage vor dem 22. April. Inzwischen fand der PEN-Vorkongress in Görlitz statt, und die Medien schweigen darüber. Einzig die liebe örtliche *Lausitzer Rundschau* berichtete und bedauerte, »dass ehrenwerte Veranstaltungen dieser Art in der Öffentlichkeit kaum wahrgenommen werden. Viele Stühle in der Görlitzer Synagoge blieben leer ...« Es ist eben Krise. Gerade fand ich in unserer Hausbibliothek die ansehnliche Anthologie *Deutsche Teilung – Lyrik-Lesebuch aus Ost und West* (Limes Verlag, Wiesbaden 1966). Die Lektüre offenbart eine staunenswerte Spannweite von Autoren und Texten. Was wir doch alles schon mal wussten und niederschrieben und wieder vergessen haben, denke ich ganz naiv erschrocken und entdecke dabei Verse von mir selbst. Im Buch aufbewahrte Zeitungsartikel zeigen, die Zeilen wurden damals oft zitiert, zum Beispiel von Siegfried Einstein in *Die andere Zeitung* vom 1. September 1966, wo er meine drei Vierzeiler »eines der erschütterndsten und wahrhaftigsten Gedichte« nannte und sie abdruckte:

Du willst nach Eger?
Nimm den Weg über Lidice.
Du willst nach Karlsbad?
Fahr über Theresienstadt.

Du suchst das verlorene Breslau?
Fahr nach Auschwitz.
Die Straße nach Stettin
führt durchs Warschauer Ghetto.

Am Tag, da du ankommen wirst,
deine Trauer darf sagen:
Dies hier
Dies hier war Deutschland.

Gar nicht so übel, denke ich und: Darf man weit zurückliegende Strophen im Nachhinein noch jemandem widmen? Vielleicht dem leider vergessenen Kollegen Siegfried Einstein? Oder der leider nicht vergessenen Erika Steinbach?

Ganz ohne Ironie, ganz im Ernst. Wenn es der Friedensstiftung dient …

Rüdiger Bernhardt

Der deutsche Nationalautor
Uwe Tellkamp

2008 hat der Arzt Uwe Tellkamp, geboren 1968 in Dresden, den Deutschen Buchpreis bekommen. Deutschland hat endlich wieder einen Großschriftsteller, einen rechten. Nein, nein, gemeint ist nicht, wie manche sich fragen, ob es ein Rechter sei, sondern gemeint ist: einen richtigen. Es wurde höchste Zeit, denn einmal schrie das Gesamtschaffen des Autors nach höchster Anerkennung, immerhin lagen 2 ½ Bücher vor, und – was in diesem Fall hoffnungsvoll stimmt – nach solchen Auszeichnungen hören die Autoren oft auf zu schreiben. Dann stand 2009 der 20. Jahrestag der großen Freiheit ins Haus – an deren Eroberung Uwe Tellkamp als Unteroffizier der NVA tüchtig mitgeholfen hat, da er ihre Verteidigungsbereitschaft untergrub, indem er unerwünschte Literatur westdeutscher Schriftsteller bei sich trug, die er allerdings vermutlich zu schnell gelesen hat. Schließlich benötigte man dringend den zu den vorgesehenen Feierlichkeiten gehörigen Wenderoman, und außerdem war Thomas Mann schon lange tot, und ein neuer Repräsentant deutscher Sprachkunst musste her, und endlich könnte der Nobelpreis auch wieder einmal nach Deutschland kommen, zumal der letzte Preisträger Günter Grass, den Uwe Tellkamp hasst, wie er nicht müde wird, zu erklären, ihn natürlich nicht verdient hat – meint Tellkamp. An Herta Müller war noch nicht zu denken – und dachte auch keiner. Ja, der Grass: »Ich hasse die Bücher von Grass«, sagt der neue Großschriftsteller in seiner unnachahmlich deutlichen Art, die so recht geeignet ist, die Sensibilität des literarischen Empfindens und die Toleranz gegenüber anderen Ansichten zu schulen. Wie man hört, soll Grass aus Scham, Tellkamp zu missfallen, endgültig die Feder aus der Hand gelegt haben; viele andere taten es ihm gleich, um nicht vom neuen Poeta laureatus auch gehasst zu werden. Statt des Lorbeerkranzes trägt er vorläufig allerdings die gestreifte Winzermütze

Es gab viele Gründe, Uwe Tellkamp auszuzeichnen und ihm im Sommer 2009 den Nationalpreis, den Deutschen, hinterherzuschicken. Dass er diesen allerdings mit Maron und Loest teilen musste, war unfair; glücklicherweise hieß die Auszeichnung

»Deutscher« Nationalpreis. Tellkamp hätte sonst glauben können, man hätte ihm im vorauseilenden Gehorsam für sein ent-
stehendes Lebenswerk schon einen anderen Nationalpreis verlie-
hen, denn seine Berufung zum Schriftsteller erlebte er in der DDR
am 16. Oktober 1985, um 15.30, wie er Elmar Krekeler vertraute. –
Ein bisschen leidtun konnten dem Betrachter die anderen für den
Bücherpreis gesetzten Autoren, unter denen sich sogar ein paar
richtige Schriftsteller befanden, sie stellten nur die Grüßauguste
für eine demokratisch inszenierte Wahl dar.

Ach ja, es gab 2008 auch den Roman »Der Turm«, dessen Titel
schon nach Goethe klang und Dante ahnen ließ, frühzeitig hatte
man Tellkamp mit Dante verglichen. Der arme Dante. In dem
Roman hatte Tellkamp seine Lesefrüchte aus Hermann Hesses
»Das Glasperlenspiel« und Goethes »Wilhelm Meisters Lehr-
jahre« zu einer neuen Qualität verdichtet, die aus Hesse und Goethe endlich brauchbare Vorläufer für wertvollste Literatur machte,
die den Vergleich mit Thomas Manns »Buddenbrooks« nicht zu
scheuen brauchte. Auch andere, weniger bekannte Namen wurden
für das Meisterwerk dienstbar gemacht und wurden zum namen-
losen Schnörkel in der Unsterblichkeit der Tellkampschen Ruh-
meshalle.

In diesem Umfeld war es nicht nötig, die Romane Thomas
Manns, Hermann Hesses und Goethes nochmals zu lesen; alles
war bei Tellkamp aufgehoben worden, dialektisch, obwohl der
Schriftsteller solchen verruchten Begriff ablehnt und sich lieber
als »Chronist« bezeichnet. Das klingt nun nach Shakespeare und
nach Christoph Hein, aber es ist nicht sicher, ob Tellkamp solche
Zwerge für seine Ahnengalerie zulässt.

Es wäre zudem an der Zeit, Hesse, Goethe und Thomas Mann
aus den Lehrplänen zu streichen, sofern einer der Länderfürsten
einen der Namen im Lesekanon seiner Herrschaft noch gedul-
det hat, und durch eine Comic-Fassung von Tellkamps Roman für
die Grundschule und einen zweiseitigen Auszug samt Kommentar
von Reich-Ranicki für die Gymnasien zu ersetzen. Dazu noch der
Satz über Grass, und die Neufassung der deutschen Literaturge-
schichte ist fertig. Selbst Journalisten, die den Roman vermutlich
nicht oder sehr in Auswahl – besagte zwei Seiten? – gelesen hatten, wussten, dass der Roman »ein Epos vom Stillstand und vom

Untergang eines Scheißstaates« sei. Tellkamp hat einen Roman über die DDR geschrieben, damit keine Irrtümer aufkommen. Endlich war das Meisterwerk der deutschen Literatur im 21. Jahrhundert gefunden; der Rest des Jahrhunderts bietet Zeit für Funk- und Fernseh-, Film- und Videoaufnahmen des Romans.

Die Auszeichnung verschafft Einblicke in die Geheimnisse deutscher Preisverleihungen und stellt so eine kulturhistorische Leistung dar. Als kleine Handreichung für zukünftige »Turm«-Schreiber, vielleicht auch für »Türmchen«-Schreiber, wäre zusammenzufassen: Zuerst gilt es, die Erwartungshaltung der Journalisten und Kritiker zu befriedigen. Diese ist nun im Vorgefühl des hohen Jubiläums auf die Enthüllung schrecklichster Zustände in der DDR gerichtet, denn je schrecklicher diese waren, desto größer werden Heldentum und Heldentaten der Helden in der Heldenstadt Leipzig und ihrer Berliner Verbündeten, ganz zu schweigen von den geistigen Helden, die aus »Wir sind das Volk« »Wir sind ein Volk« machten. Erste Lehre also: Die Hölle muss geschildert werden, um den Himmel begreifen zu können. Also schrieb Uwe Tellkamp von der Hölle; sie ist bei ihm noch höllischer als bei Dante, denn sie ist eiskalt. Nicht einmal Feuer gibt es mehr in dieser Unterwelt, die Häuser Dresdens lagen »düster und mit aschigen Konturen«. Das ist ein gelungener Beginn. Dann beschreibt man die Entbehrungen und teilt nebenbei mit, dass selbst Knöpfe schwer zu bekommen waren, die Kinder deshalb lieber mit Münzen spielten und diese ins Wasser warfen, die leichter zu bekommen waren, also nichts wert und keineswegs erarbeitet waren, als Knöpfe. Solche Details weisen auf gründliche Kenntnisse zum Thema, erzwangen geradezu die Auszeichnung und machten »mehrere Meter sogenannter Wendeliteratur überflüssig«.

Natürlich blieben belanglose Fragen, wie in einem Land, in dem es kaum Knöpfe gab, ein Mensch das Abitur machen konnte und Medizin studieren wollte. Dass konnte ja nicht gut gehen. Und weil das Medizinstudium nicht auf dem direkten Wege erreichbar war, verdingte man sich drei Jahre zur Armee, sicherlich, weil es wenigstens dort genügend Knöpfe gab. Es hätte auch den Weg über den Beruf des Pflegers und die Betriebsdelegierung zum Medizinstudium gegeben, dieser Weg war zwar anstrengend, aber zu schlicht für jemanden, der zum Helden geboren war. Das größte Problem der Hauptgestalt Christian – sie ist das Alter Ego Tellkamps – im Roman ist, wie sie sich in der DDR eine solche Bildung erwerben konnte, die sie sogar nach der Wende in westlichen Gefilden bestehen ließ. Von seinen Lehrern, die Christian alle nur verprügeln will, den Staatsbürgerkundelehrer mit dem »roten und gedunsenen« Gesicht – was sollte ein Staatsbürgerkundelehrer auch sonst für ein Gesicht haben – besonders intensiv.

Zweitens muss in einem den Bücherpreis anstrebenden Roman das Umfeld stimmen: So werden Straßenbahnen umgeleitet und »ausgedünnt« oder durch Schienenersatzverkehr ersetzt; fahren sie doch einmal planmäßig, dann »ratterten« sie und »schlenkerten in den Gleisen«, auch Straßenbahnfahren war gefährlich – heute fahren sie in ganzen Bereichen gar nicht mehr. (Das ist schon ein Fortschritt, ich durfte in einem Gutachten zu einem Schulbuch in den 90er Jahren sogar lesen, dass es in Dresden vor 1989 gar keine Straßenbahnen gegeben habe.) Telefone funktionieren nicht, Straßenlaternen nur selten, und wenn sie leuchten, geben sie »müdes Licht«, Strom ist meist nicht vorhanden. Weihnachten wurden die Weihnachtsbäume mit »elektrischen Zitronen« geschmückt, die selbstverständlich einen »Defekt« hatten, und natürlich hieß der Weihnachtsbaum nur Baum, und Weihnachten gab es gar nicht. Mit solch ansprechenden und wahren Details geriet der Roman zum »Roman des Jahres« und zum »bezwingenden Gemälde jener Deutschen Demokratischen Republik, die sich in ihrem Anfang an der Spitze des sozialistischen Fortschritts wähnte …, in der aber an ihrem Ende nichts herrschte als Mief und Windstille« (Ulrich Greiner). Und natürlich herrschten die Sowjets, die Dresdner Fußgänger mit »Nu, Dawai!« davonjagten. Das war der Alltag; »niemand mit erhobenem Kopf, den Blick offen einem anderen Menschen zugewandt«, wie sollte man da auch »russische Offiziere«, die doch eigentlich sowjetische waren, erkennen können. Zumal man, wie eine neue Erzählung Tellkamps ausweisen wird, ins »seelenlose Kollektiv« der Kombinate »eingegliedert wurde«. Man höre auf den feinen Zungenschlag, aus dem der Zwang erkennbar ist, mit dem man zur Arbeit getrieben wurde. Von diesen Zwängen sind glücklicherweise heutige Arbeitslose und Hartz-IV-Empfänger verschont. Man sieht, es handelt sich eigentlich um keinen Roman, sondern um eine grandiose Gesamtschau, wegen ihrer »Überfülle« auch als Karikatur bezeichnet, und Tellkamp hätte eigentlich den Preis für die beste Karikatur bekommen müssen. Aber den kann man nachreichen.

Drittens müssen auch Kritiker ihre Lektion lernen, denn Uwe Tellkamp erteilt ihnen sonst schnell die Rüge, vor seiner Literatur versagt zu haben. Übung in solchen Verurteilungen hat er. Zu viele Kritiker, und vor allem die aus dem Osten (Christian Eger, Klaus Walther, Holger Becker), haben die große Kunst des Uwe Tellkamp nicht richtig verstanden und so auch den Deutschen Buchpreis nicht würdigen können. Holger Becker brachte den Roman auf die kürzeste Bewertung, der unbedingt widersprochen werden muss: »Insgesamt aber ist es ein Ärgernis.« Wo kämen wir denn hin, wenn Ärgernisse schon den Buchpreis bekämen. Dann wären wir vielleicht in einer Demokratie gelandet. Ärger will Tellkamp keinen machen, er kann ihn bei seinem Aufstieg zum Nobelpreis auch nicht gebrauchen.

Viertens schließlich erwecke man den Eindruck, was in dem Buch beschrieben ist, gäbe Wirklichkeit wieder, Handlungen hätten sich so vollzogen, Verhältnisse seien so gewesen, und Menschen hätten sich so verhalten. Dann kommt es zu auszeichnungsverdächtigen Empfehlungen wie der eines Kreistagsabgeordneten auf Rügen: »Tellkamps Roman ist allen zu empfehlen, die schon vergessen haben, wie es zugegangen ist zu DDR-Zeiten.« Damit hat der Roman die Grenze vom grandiosen Kunstwerk zum wahrhaftigen Dokument überschritten und erreicht historische Unsterblichkeit. Nun kenne ich den Weißen Hirsch recht gut und war oft in der Wolfshügelstraße; das muss aber eine andere Gegend gewesen sein als die, in der Tellkamps Roman spielt.

Fünftens sind unbedingt Zugeständnisse zu vermeiden, es sei vielleicht nicht alles so gewesen wie geschrieben. Tellkamp war gut beraten, erst nach der Auszeichnung zu sagen, er habe sich geirrt, zum Beispiel habe es Kafka-Publikationen in der DDR viel früher gegeben, als er geglaubt habe. Solchen Einschätzungen folgten andere: Edgar Allan Poe war für ihn ein Geheimtipp, durch Zufall gefunden. Usw. usf. – Nach dem Siegeszug des Romans und der Auszeichnungsflut war es entschieden richtig, dass sich Tellkamp von seinem Erstling »Der Hecht, die Träume und das Portugiesische Café« (2000) distanzierte, denn darin war die bilderreiche Sprache in der Nachfolge Thomas Manns noch nicht in der Weise vollkommen wie im »Turm«. So hieß es in dem Frühwerk: »Es konnte geschehen, dass er einen Band mit Versen aufschlug und ihm wegen eines Wortes, einer Zeile Tränen in die Augen traten.« Doch der Großschriftsteller hatte sich geirrt: Solche Sätze Tellkamps wurden von Journalisten wie Ulf Heise, an Geisteskraft ähnlich dem Tellkampschen Genie, als »moderne Variation« der Empfindsamkeit eines Wackenroder oder Tieck, als »Geist der Romantik« erkannt. Es bleibt mir, wegen aller Worte, aller Zeilen Tellkamps den Tränen in den Augen freien Lauf zu lassen über so viel Schönheit, Wahrheit und Größe unsterblicher Literatur, die nur noch mit Homer vergleichbar ist. Aber wer war schon Homer? Ein blinder Sänger, aber die Blindheit Tellkamps übertrifft ihn.

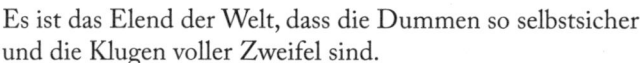

Es ist das Elend der Welt, dass die Dummen so selbstsicher und die Klugen voller Zweifel sind.

Bertrand Russell

Hanskarl Hoerning

Wahrhaftiges Geschnacksel

Gloria von Thurn und Taxis

(K)ein Märchen

Es war einmal eine reiche Erbin. Sie hieß nicht Berta von Bruneck und stammte auch nicht aus Wilhelm Tells Reich, sondern aus dem Märchenland Germanien. Sie hatte nicht nur Besitztümer geerbt, sondern war auch in den Adelsstand einer Fürstin erhoben worden. Die fromme Gläubige bezeichnete sich selbst als Kämpferin für die Wahrhaftigkeit. In jungen Jahren hing sie sehr an Äußerlichkeiten und trug zum Beispiel einen echt punkigen Kopfputz. Darauf angesprochen, stöhnte sie nur: »Um Gottes willen«, denn solche Äußerlichkeiten hatte sie längst abgelegt. Was äußerlich gewesen sei, sei jetzt verinnerlicht. Ihre erwachsenen Töchter bekamen von ihr den Rat, nicht die Pille zu nehmen, denn die Pille sei eine Form der Abtreibung. Und Abtreibung sei Massenmord. Das Gleiche gelte für das Benutzen von Kondomen. Ob auch die Selbstbefriedigung bei Männern eine Form von Massenmord sei, ließ die Fürstin offen. Sie selbst jedenfalls habe noch nie abgetrieben, in welcher Form auch immer. Auf die Behauptung, dass es, würden in den von Aids bedrohten Regionen des Schwarzen Kontinents mehr Kondome benutzt, weniger Erkrankungen dieser Art gebe, erwiderte sie wörtlich: »Kondome helfen nicht gegen Aids. Was nützt, ist, einen Mann zu haben, der treu ist.« Einen gutgemeinten Hinweis vermeinte sie mit der Forderung zu erteilen, die nur aus drei Wörtern bestand: »Einfach weniger schnackseln!« Einschränkend meinte die Märchenhafte, sie habe natürlich nur gegen unnatürliche Empfängnisverhütung Einwände, nicht aber generell. Gerade seien zwei Verhütungsmethoden neu entwickelt worden. Im Einzelnen könne das nun zwar nicht öffentlich dargestellt werden, aber katholische Beratungsstellen wüssten über alle Details Bescheid und würden gern Tipps geben. Man solle keine Hemmungen haben und dort bitte nachfragen. Die Fürstin pries aus ihrer eigenen Verhütungspraxis das gute alte Thermometer: »Ich habe mich gemessen, das funktioniert!«

Als Wahrhaftigkeitskämpferin gestand sie gleichwohl ein, sie habe immer noch Probleme mit dem sechsten Gebot, wonach man nicht unkeusch sein dürfe. Man müsse ja nicht gleich zur Tat schreiten, vom Teufel infiltrierte Gedanken genügten da ja bereits. Deshalb gehe sie einmal im Monat zur Beichte. Das sei, so ihre Formulierung, »wie duschen« für die Seele. Als sie noch jünger gewesen sei, sei sie jede Woche gegangen. Sie muss es nötig gehabt haben. Das Duschen. Wahrscheinlich wäre der Beichtvater damals beim Anblick ihrer Punkfrisur zu Tode erschrocken. Aber er hatte sie ja nur angehört, nicht angesehen. Leider könne sie sich bei der weltweiten Finanzkrise keinen Schlosskaplan leisten, auch stünden ja ohnehin keine im Stellenangebot. Auf die Frage, ob Homosexuelle ihren Neigungen nachgehen sollten, antwortete sie, der Weg in den Himmel sei steinig, der Weg in die Hölle hingegen sehr bequem. Was man da tun könne? »Beten, beten.«

So also sprach die Märchenfürstin. Und wenn sie nicht gestorben ist, so lebt sie auch noch heute mit den gleichen Maximen. Und zwar in Gestalt von Gloria, Prinzessin von Thurn und Taxis. Diese Glückliche fand, was der Märchenhaften versagt blieb: einen Partner, mit dem sie ihren Herzenswunsch erfüllen konnte, nämlich ein Buch zu schreiben und herauszugeben. Beide Autoren gaben ihm den passenden Titel: »Die Fürstin und der Kardinal«. Wir versagen uns, sowohl den Namen des deutschen Würdenträgers als auch des Verlages, in dem das Buch erschienen ist, zu nennen. Wir belassen es lieber beim Märchen, und das ist schon sagenhaft genug.

Kommentar:
Hätte Mutti abgetrieben,
wär sie uns erspart geblieben.

Hanskarl Hoerning
Der Cellist
Wolfgang Tiefensee

Er spielte seit eh und je zwar leidenschaftlich gern Cello, aber noch viel lieber die Erste Geige. Da ihm diese Fähigkeit in den letzten Jahren daheim versagt blieb, reduzierte ihn die Trennung vom Eh'gespons zum Blechtrommler. Während er seinen Wehrdienst ohne Waffe als Bausoldat verbrachte, ließ er sich 1998 mit dem Amt des Oberbürgermeisters von Leipzig bewaffnen, um sich schließlich 2005 mit dem Waffenarsenal eines Bundesministers für Verkehr, Bau und Stadtentwicklung ausstatten zu lassen. Seine schärfste Waffe war die Einbindung in die messestädtische Olympia-Bewerbung mit wunderschönen Provisionszahlungen für die Bewerbungsgesellschaft »Leipzig 2012 GmbH«, welche im Nachhinein seitens bösartiger Neider als rechtswidrig verurteilt wurden. Auch bei der Vorbereitung eines Citytunnelbaus mit maßlosen vier Haltestellen für künftige Bahndurchfahrten (für die man zu Fuß ca. zehn Minuten braucht) schoss er mit scharfer Munition gegen alle Monierer, Madig- und Miesmacher. Um Randalierern im öffentlichen Nahverkehr Einhalt zu gebieten, schlug er vor, Hartz-IV-Empfänger auf Patrouille zu schicken, deren Waffe aus begütigenden Worten und einem festen Standbein bestehen sollten. Gewehr bei Fuß.

Leider war sein Eintreten für eine enge Verbindung von Infrastruktur und Deutscher Bahn nicht mit dem Grundgesetz vereinbar, also ein Schuss in die Hose. Inzwischen hat nicht nur Bahnchef Hartmut Mehdorn die Waffen gestreckt, sondern auch der als »Flachwasser« verhohnepiepelte Minister bezüglich des Börsenganges mit Sonderantiemen im Falle der Bahnprivatisierung, von denen er seiner Lauterkeit zufolge nullkommanix gewusst habe. Und wer Bahnvorständen vorschlägt, freiwillig auf die von seinem Ministerium abgesegneten Bonuszahlungen zu verzichten, wer die Irrelevanz einer Geschwindigkeitsbeschränkung auf Autobahnen mit völlig veralteten Zahlen belegen will, und wer schließlich wegen eines Überflugverbotes der Lufthansa Cargo über Russland erklärt, die deutsche Seite sei zum Einlenken und damit zum Umzug des Drehkreuzes nach Krasnojarsk bereit, der sollte sich nicht wundern, wenn er schon vorab zum Ehrenprofessor in Nanjing ernannt, in Frankreich zum »Ritter der Ehrenlegion« geschlagen, mit dem Medienpreis »Goldene Henne« ausgezeichnet und mit dem »Goldenen Rathausmann« der Stadt Wien zu einem entwaffnenden Lächeln gezwungen wird. Waidmannsheil!

Der Lobbyist zu einem Volksvertreter mit erstklassigen Verbindungen: »Heute, mein Lieber, hab ich die Spendierhosen an und würde Ihnen gerne ein Auto schenken.«
»Bitte nicht, das wäre ja Bestechung …«
»Aber, aber, es handelt sich doch bloß um einen Mittelklassewagen.«
»Dann wäre es eine Beleidigung.«
»Und wenn ich Ihnen den Wagen nicht schenke, sondern verkaufe, sagen wir, für einen Euro?«
»Okay, in diesem Fall nehme ich drei Stück!«

Urban Priol
Da bin ich einmal mit Guido Westerwelle aneinandergeraten ...

Was heißt aneinandergeraten, das geht eigentlich gar nicht, weil man unseren großen, charismatischen Oppositionsführer immer noch nicht so richtig ernst nehmen kann. Guido, der König ohne Land. Der Mann ist aber auch wirklich so was von Nichts. In frühen Shakespeare-Dramen hätte der immer den Strauch gespielt. Wär ein paar Stunden herumgestanden ... ab und an hätte ein Hund drangepinkelt ... und dann wäre er wieder fort. Der Strauch. Amerika hat es immerhin bis zu einem Bush gebracht. Wir haben einen Strauch.

Nach einer Fernsehsendung standen der Strauch und ich bei einem Glas Prosecco in der Gegend rum, da hab ich mir gedacht, komm, wenn du schon mal da bist, such das Gespräch. Ich wollte gar nicht genau wissen, was er eigentlich alles so vorhat, nachdem seine geplante Regierungsehe mit der Grande Dame aus der Uckermark uns doch auf so unglaublich-glückliche Weise erspart geblieben ist, dabei war alles schon arrangiert: Horst Köhler stand als Trauzeuge Gewehr bei Fuß, die Wirtschaft hatte Brautstrauß um Brautstrauß arrangiert – und dann kommt das lästige Volk und wählt nicht so, wie es eigentlich, wie vorgesehen, hätte wählen sollen.

Ich habe Guido nicht auf das angesprochen, was er immer ins weite Rund hineinbellt: »Neuwahlen!« Das ist sein politisches Kernprogramm. Mehr hat der Mann nicht: »Neuwahlen!« Unglaublich. Der springt morgens um halb drei aus dem Bett: »Neuwahlen!« Dann kommt sein Freund und meint: »Liebes – was möchtest du zum Frühstück?« – »Neuwahlen!«

Ich hab nur sein übliches Liberalgefasel aus Wahlkämpfen aufgegriffen, diese schlichten Botschaften: »Mehr Wachstum – mehr Arbeit!« Oder: »Niedrigere Steuern – mehr Wachstum!«

Da glaubt der dran. Der stellt sich hin und belfert in den Saal: »Wenn wir mehr Wachstum und niedrigere Unternehmenssteuern haben – dann haben wir dauerhaft auch mehr Arbeit, meine Damen und Herren!« Genauso gut könnte er sagen: »Wenn meine Oma ein Bus gewesen wäre, dann hätte sie hupen können, meine Damen und Herren!«

Ich habe mich an ihn rangeschlichen und höflich gefragt: »Äh, Herr Westerwelle, eines würde mich interessieren: Sie setzen immer so auf das endlose Wachstum. Jetzt mal konkret – die Bevölkerung schrumpft, wir haben Wohnungsleerstand ohne Ende. Mal konkret: Wo soll das Wachstum herkommen?«

Da hatte ich ihm ein Stichwort geliefert. Erst war er entrüstet: »Ach, das ist auch wieder so eine altbackene Position, von wegen: Früher war alles besser!«, hab ich nur gesagt: »Hab ich doch gar nicht gesagt. Ich wollte nur eine Antwort auf meine Frage: Wo soll Ihr Wachstum dauerhaft herkommen. Das Land ist bestellt, wir haben keine Erdbeben, fast jeder Haushalt hat mehrere Autos …«

Da hob er an: »Der Mensch ist immer neugierig. Der Mensch ist zum Konsumieren geboren. Der Konsument wird immer für die nötige Nachfrage sorgen – nehmen Sie nur einmal die Kommunikationsbranche!«

Das war ein blödes Beispiel, die Kommunikationsbranche als Wachstumslokomotive hinzustellen. Am Tag zuvor hatte die Telekom nämlich angekündigt, 32000 Stellen abbauen zu wollen. Damit konfrontiert meinte der geschmeidige Westerwelle nur: »Sehen Sie, das ärgert mich als Bonner natürlich besonders.«

Sprach's und wandte sich erfreulicheren Smalltalk-Themen zu … Ab und zu hörte ich ihn aus dem Partygebrabbel herausbellen: »Neuwahlen!« und: »Unternehmerische Freiheit …« oder: »Die Leistung stärker in den Mittelpunkt stellen …«

Dann wortfetzte es langsam aus.

Kommentar des Herausgebers: So ändern sich die Zeiten. Die Regierungsehe mit der Grande Dame aus der Uckermark ist nun doch zustande gekommen. Der »Urnenpöbel«, wie es Georg Schramm vielleicht formulieren würde, ist zur Besinnung gekommen und hat endlich die schwarz-gelbe Regierungsbande in Amt und Würden geputscht, natürlich streng demokratisch. Jetzt ist Herr Westerwelle unser Außenminister, kann auf unsere Kosten die Welt bereisen und vor allem nationale Peinlichkeit verbreiten. Neuwahlen will er nicht mehr, die bestimmen jetzt seine Albträume. Und am Frühstückstisch sagt er zu seinem Freund: »Grauenhaft, ich habe schon wieder von Neuwahlen geträumt. Das muss doch endlich mal ein Ende haben.«

Salli Sallmann

Zum Sterben zu viel
(Mister X)

Es war mal eine Mutter, die wurde alt. Da schloss sie eine Sterbe-geldversicherung ab, damit, so sie von hinnen gehen würde, nie-mand, ihr Sohn nicht und auch nicht der gute Vater Staat, finanzi-ell belastet sei durch Beerdigung, Grab und Kreuz. Denn Sterben, so wusste jedermann, war in einer Marktwirtschaft ein teurer Spaß. Und so sparte sie über ein Vierteljahrhundert von ihrem kleinen Einkommen, dann von ihrer kleineren Rente monatlich noch klei-nere Summen für den eigenen Tod, so gut es ihr eben möglich war. Der gute Vater Staat nannte das »Vorsorge«. Im Staat aber gab es einen Mr. X, der ging um und mimte – selbst ein klein gewachsner Oberkellner – auf Kanzler.

Als die Mutter nun aber sehr alt wurde und nicht mehr laufen und denken konnte, musste der Sohn zum Betreuer werden und sie in ein städtisches Pflegeheim bringen. Das kostete im Monat 2700 Euro. Da die Rente der Mutter nur 700 Euro betrug und die Pflegeversicherung nur 1200 Euro dazugeben konnte, ging der Sohn zur Abteilung Soziales und Bürgerdienste beim Bezirksamt und beantragte »Hilfe zum Lebensunterhalt oder eines Kosten-beitrages«. Im Rahmen der »Hilfe zur Pflege« wurde der Mutter die benötigte Summe vom »Träger der Sozialhilfe« per Bescheid bewilligt. Nun schrieb der Sohn einmal im Jahr für das Amts-gericht / Vormundschaftsgericht, welches ihn nach einem mehr-monatigen Verfahren und dem Wechsel von Dutzenden von Brie-fen zum offiziellen Betreuer ernannt hatte, einen Bericht über die Mutter. In dem dreißigseitigen Formular, welches das Gericht großzügig zur Verfügung stellte, waren hundert Fragen zur Mutter vorgegeben, die abgearbeitet werden mussten, nebst Beibringung von allerlei Dokumenten.

Erfragt wurde unter »Vermögenssorge« auch die finanzielle Situation der Mutter. Ob sie eigenes Vermögen besitze. Nein, trug der Sohn ein, Ersparnisse existieren nicht, wohl aber jene kleine Versicherung, die im Sterbefall 7800 Euro für ein anständiges Begräbnis möglich machen würde.

Da schrieb das Amtsgericht / Vormundschaftsgericht, die Mittellosigkeitsgrenze sei vom kleinen Mr. X, der gerade als Kanzler Faxen machte, für jeden, der staatliche Leistungen in Anspruch nimmt, auf 2 600 Euro festgelegt. Die Mutter sei daher nicht mittellos, sondern wohlhabend und vermögend. 7 800 Euro jedenfalls seien zum Sterben zuviel. So sprach das Amtsgericht / Vormundschaftsgericht. Nein, nein, entgegnete der Sohn, das Geld sei ja gar nicht verfügbar, weil für die Beerdigung angespart und somit eben zweckgebunden.

Nun fragte das Amtsgericht/Vormundschaftsgericht brieflich in mehreren Steigerungen der Dringlichkeit an, ob es »durch Beschluss entscheiden solle, so dass die »Entscheidung durch Beschwerde überprüft werden kann«. Da stutzte der Sohn. War er der Sprache nicht mehr mächtig, sondern das Amtsgericht? Oder war es umgekehrt?

Das Amtsgericht/Vormundschaftsgericht schickte eine »Beschlussausfertigung«, in der es dem Sohn auftrug, das Bezirksamt, Abteilung Soziales und Bürgerdienste, von der Existenz der Sterbegeld-Versicherung in Kenntnis zu setzen. Der Sohn hatte aber das Bezirksamt, Abteilung Soziales und Bürgerdienste, von Anfang an in Kenntnis gesetzt.

Das Bezirksamt hatte gesagt, die 5- bis 6 000 werden Sie brauchen, um Ihre Mutter ordentlich unter die Erde zu bekommen. Davon reden wir daher mal lieber nicht so laut, denn unser Mr. X hat beschlossen, den kleinen Leuten ihre letzten paar Groschen abzuknöpfen. Außerdem, lieber Herr Sohn, hatte das Bezirksamt gemeint, ist es doch eine Sterbegeldversicherung und keine zu Lebzeiten auszahlbare Lebensversicherung, oder? Na also. Das Bezirksamt/Sozialamt (Soziales und Bürgerdienste) war optimistisch gewesen. Zu optimistisch.

Denn die Unterscheidung zwischen auszahlbarer Lebensversicherung und Sterbegeldversicherung war dem Amtsgericht /Vormundschaftsgericht zu fein. Das Amtsgericht/Vormundschaftsgericht schrieb, da die betreute Mutter Sozialleistungen vom Staat erhielte, sei sie zur Offenlegung ihres Vermögens nicht etwa gegenüber dem Wasserträger, sondern gegenüber dem »Träger der Sozialhilfe« verpflichtet.

Ob sich daraus ergäbe, dass die Sterbegeldversicherung zu verkaufen sei, würde allerdings nicht vom Amtsgericht/Vormundschaftsgericht entschieden, sondern vom Bezirksamt/Sozialamt, mit dem man bereits Kontakt bezüglich dieses Vorganges aufgenommen habe.

All dem widersprach der Sohn in vielen Briefen. Da bekam er Post vom Zentralen Mahngericht. Der Sohn hatte nicht gewusst, dass im Land Zentrale Mahngerichte existierten. Das Zentrale Mahngericht ermahnte für das Amtsgericht / Vormundschaftsgericht den Sohn, die Versicherung vorzeitig aufzukündigen, dabei den Verlust von 1000 bis 2000 Euro Rückkaufswert zu akzeptieren und nach dem bevorstehenden Tod der Mutter alles nach der Beerdigung übrig bleibende Geld an das Bezirksamt / Sozialamt zu überweisen.

Für die »angemessene Bestattung« der im Pflegeheim lebenden Mutter wurde eine Summe von 2800 Euro zugestanden. Dem Erstaunen des Sohnes, für 2800 Euro sei aber bei keiner Bestattungsfirma ein ordentliches Angebot zu bekommen, weil die Sterbefirmen verständlicherweise bei jedem, der sein Leben aushauche, ein hübsches Sümmchen Profit zu machen gedächten, wurde von Amtsseite kein Verständnis entgegengebracht. Vielmehr wurde ihm mitgeteilt, jeder könne nur soviel für das eigene Begräbnis ausgeben, wie ihm gesetzlich zustünde. 7800 Euro jedenfalls lasse man ihm nicht durchgehen. Sterben und damit dem Staat zustehendes Geld verprassen, das sei ja noch schöner, es gäbe schon genug Sozialschmarotzer.

Da nun zwischenzeitlich das Amtsgericht/Vormundschaftsgericht über das Zentrale Mahngericht auch mit dem Bezirksamt, Abteilung Soziales und Bürgerdienste, in Kontakt getreten war, um endlich an das Sterbegeld der Mutter zu gelangen, schrieb nun auch das Bezirksamt/Abteilung Soziales und Bürgerdienste insgesamt fünf drohende Briefe an den Sohn, samt einem »förmlichen Überleitungsbeschluss«, der besagte, der Sohn solle von der Versicherung »Volksfürsorge« einen Nachweis über den Rückkaufswert der Sterbegeldversicherung anfordern und diesen beim Bezirksamt »beibringen«, auch die neue Kanzlerin Mrs. X brauche das Sterbegeld der Mutter, denn sie wolle die Steuern für die Großkonzerne senken.

Der Sohn entgegnete, als Betreuer der Mutter nicht gegen deren Interessen handeln zu können, aber das Bezirksamt / Sozialamt bestand auf der »Umsetzung von Gesetzesinhalten«, wie es schrieb. Der Sohn argumentierte, die Firma Grieneisen, die bekannteste Toteninstitution Berlins, begrübe zum Beispiel erst ab 5000 Euro.

Auch hätte sich die Mutter immer einen Grabstein gewünscht, nichts Luxuriöses, aber eben einen Grabstein. Auch der würde noch mal kosten, und deshalb hätte die Mutter ja überhaupt die Versicherung abgeschlossen. Und nun käme das Bezirksamt, Abteilung Soziales und Bürgerdienste, und würde der Mutter den Grabstein wegnehmen wollen. Da höre ja alles auf!

Der Sohn ließ sich rechtsberaten. Er erfuhr, vom Rückkaufswert von 5900 Euro der Sterbegeldversicherung würden vom Amt 2800 Euro für das Begräbnis und 2600 Euro Schonvermögen berechnet. Mr. und Mrs. X hätten also bei ihrem Raubzug auf das Sterbegeld der Mutter einen nicht gerade üppigen Profit von 500 Euro zu verzeichnen.

Der Sohn fragte nun sich und das Amt und sämtliche zentralen Mahngerichte, wem damit eigentlich gedient sei.

Da bekam er einen Vollstreckungsbescheid vom Amtsgericht / Vormundschaftsgericht, der ihn anwies, nunmehr sofort die Sterbegeldversicherung aufzukündigen und den Eingang der Summe auf dem Konto anzuzeigen.

Also kündigte der Sohn als Betreuer der Mutter die Sterbegeldversicherung bei der »Volksfürsorge«, indem er angab, von wegelagernden Mahngerichten und Bezirksämtern für Soziales und Bürgerdienste dazu gezwungen worden zu sein. Die »Volksfürsorge« jedoch verstand nicht und wies darauf hin, dass gerade Weltfinanz-Wirtschaftskrise angesagt sei. Der Sohn solle das Sterbegeld der Mutter doch bitte nicht abheben, das Vertrauen der Kunden sei jetzt das Wichtigste, und auch Mrs. X plädiere für Vertrauen, deshalb wolle sie nun auch alle Banken im Land, die alles Geld im Land verprasst hätten, retten. Das nun wieder gab dem Sohn zu denken, und er bekam Mitleid mit der Volksfürsorge und schickte deren bittende Antwort weiter an das Bezirksamt, Abteilung Soziales und Bürgerdienste. Da kam eine Vollstreckungsanordnung der Kosteneinziehungsstelle der Justiz des Amtsgerichtes / Vormundschaftsgerichtes, die besagte, Gerichte und Behörden seien jetzt endgültig ganz heiß auf die 500 Euro Sterbegeld der Mutter. Es reiche jetzt. Deshalb seien die Rechtsmittel des Kostenschuldners (damit war der Sohn gemeint) mit Beschluss des Landgerichtes verworfen, die Rückforderungen seien nunmehr unmittelbar durchzusetzen, man ordne an, mit der Einziehung fortzufahren, hochachtungsvoll!, Rechtspfleger Dr., beglaubigt, hochachtungsvoll!, Justiz-Oberamtsinspektor.

Eine reizende ältere Dame erscheint in der Bank, um ein Konto zu eröffnen. Gleich tausend Euro auf einmal möchte sie einzahlen. Allerdings ist in letzter Zeit so furchtbar viel von einer Bankenkrise die Rede, darum fragt sie vorsichtshalber noch mal nach: »Ist mein schönes Geld bei Ihnen denn auch sicher?«

Kassierer: »Aber selbstverständlich.«

Die reizende ältere Dame: »Und was ist, wenn Ihre Bank pleite macht?«

»Dann kommt für Ihre Einlagen die Landesbank auf.«

»Und wenn die Landesbank pleite macht?«

»Dann kommt für Ihre Einlagen die Bundesbank auf?«

»Und wenn die Bundesbank pleite macht?«

Kassierer: »Dann tritt die Bundesregierung zurück. Na, und das müsste Ihnen doch Ihre tausend Euro wert sein!«

Matthias Biskupek
Einen Schritt weiter
Andrea Ypsilanti

Sie trägt ein schweres und schönes Schicksal. Denn wo immer ein Alphabet aufgestellt wird, muss sie herhalten als seltener Buchstabe. Im Lexikon schöner Frauen stünde sie ebenso wie in der Liste der am schlechtesten Angezogenen. Sie rangierte in einem Kompendium »Frauenstaat Deutschland« hinter Frau Walsmann, Marion (ehem. Justizministerin Thüringens) und vor Frau Zypries, Brigitte (ehem. Justizministerin Deutschlands), vielleicht als justiziabelste Person Hessens. Doch sie muss eben auch für unseren Schurkenstaat herhalten.

Als Andrea Dill, als die sie geboren wurde, gelangte sie wahrscheinlich nicht mal ins Gewürzregal, doch ihr großartiger Streit mit einem gewissen Jürgen Walter war das Schleuderbrett ihrer Karriere. Jürgen Walter, das muss hier erklärt werden, lebte in der DDR als ganz annehmbarer Chansonnier, der im Oktoberklub sang, eigentlich Jürgen Pippig hieß und sich an Gisela Steineckerts Texten versuchte. Sein hessischer Namensvetter hingegen ist eigentlich nicht annehmbar, nicht einmal für die SPD. Er versuchte sich zunächst als Königsmacher, dann selbst als König und wurde folglich 2006 von Frau Ypsilanti von seinem angestrebten Vorsitzendenposten verdrängt.

Das aber war die erste schlimme Schurkerei jener Frau, die ihr damaliger großer Chef, ein gewisser Schröder, Gerhard, einst Frau XY nannte. Denn wo in der SPD ein Mann seinen Schröder raushängen lässt, hat keine Frau etwas zu suchen.

Auch hätte sie wissen müssen: Wenn ich in der SPD versuche, einen ehrlichen Kurs zu fahren, mache ich diese Partei kaputt. Die falschen Brüder zur falschen Sonne zur falschen Freiheit verbringen ihre Tage allerorten mit Intrigen – und in dieser Spezialdemokratendisziplin war Frau Ypsilanti dann einfach viel zu ungeübt.

Sie beschwor, dass sie niemals mit den Linken herummachen würde – vor der Wahl. Nach der Wahl sieht für alle Parteien immer alles anders aus. Doch Frau Ypsilanti hatte nicht richtig falsch Zeugnis gesprochen. Ein ordentlicher Wortbruch wird, zumal in Hessen, immer gern verziehen. Wenn der brutalstmögliche Aufklärer, für das Land zwischen Odenwald und Weserfluss ein geborener Ministerpräsident, zufällig eine Parteispendenaffäre brutalstmöglich vertuscht, nickt man beifällig: So ein Dabbes aber auch. Hat halt ä Spirenzjer gemacht.

Doch Andrea Ypsilanti hat erst gar keine richtige Vertuschung versucht. Sie gab ihren Wortbruch zu. Sie tönte laut, dass veränderte Bedingungen veränderte Koalitionen bedeuteten. Das aber tut man nicht! Nicht in Hessen! Wenn schon Wortbruch, dann ein ordentlich ausgekochter.

Auch nach ihrem Pyrrhus-Wahlsieg vom Januar 2008 hat Ypsilanti übliche Parteiregeln sträflich missachtet. Sie hat keine Netzwerke gesponnen. Sie hat nicht wirklich gekungelt, keine verdeckten Vorabsprachen getroffen, nicht strategisch mit Lob und Tadel gearbeitet, ihre Hausmacht nicht genutzt und ist nicht »auf Leute zugegangen«, was im sozialhessischen Demokratiedeutsch heißt: Sie hat nicht genug Pöstchen versprochen.

Solch ein Demokratieverständnis ist in Deutschland nicht hinnehmbar. Wenn alle Politiker so handelten, würden wir bald nirgendwo mehr regierungsfähige Mehrheiten zusammenbekommen. Dann müssten die Parteien alles das erfüllen, was sie vor Wahlen versprechen. Deutschland würde unregierbar, von anarchistischen Kleingruppen in Richtung »Herrschaftslosigkeit« getrieben. Womöglich würde bestätigt werden, dass die Reihung Freund-Feind-Parteifreund die verbindliche Richtschnur ist, folglich als gerade Parteilinie in allen bundesdeutschen Politikgruppen bestünde, gleich, ob die Vereine nun FDP, CDU, SPD, Grüne oder LINKE hießen (Reihenfolge nach dem Zufallsprinzip).

Andrea Ypsilanti hat den Größten Anzunehmenden Partei-Unfall verursacht. Sie hat die Parteiendemokratie so vorgeführt, dass dieselbe am Abgrund steht. Doch morgen werden alle schon einen Schritt weiter sein.

Erhard Preuk

Tratritrara, die Post ist da
Klaus Zumwinkel

Herr von und Zumwinkel (*) spricht des Abends ins Telefon: Hallo Bernd (*), du hör mal, ich habe da ein kleines steuerliches Problemchen. Eigentlich nicht der Rede wert, die paar Euro. Eine Mille in fünf Jahren, da gibt es doch ganz andere.

Nein, ich bin sicher, mehr ist mir nicht nachzuweisen, das passt schon.

Aber Deine Mitarbeiterin, die aus Bochum, die ist doch nicht wirklich tragbar. Da musst du was machen, du bist doch ihr Chef, oder nicht. Na also.

Was heißt, die tut ihre Pflicht und handelt nach dem Gesetz? Bernd, mal unter uns Betschwestern, wir sind doch die Leistungsträger dieser Gesellschaft. Was wäre denn ohne uns? Das reine Chaos. Gesetze sind fürs Volk. Nicht für uns. Außerdem habe ich doch niemanden umgebracht. Nein, vergewaltigt auch nicht, nicht mal meine Frau (lacht). Na also. Die paar Piepen, und deshalb so ein Wirbel.

Wie heißt die Kuh? Lichtinghagen – dann schick die doch nach Liechtenstein (lacht). Die soll sich um Fahraddiebe kümmern und nicht um anständige Bürger, die einfach mal ihr Geld sinnvoll anlegen.

Du wusstest von nichts? Tu bloß nicht so scheinheilig. Die stand mit einer Hundertschaft vor meiner Tür, hat alles beschlagnahmt, was nicht niet- und nagelfest war. Ja, mich hat sie auch beschlagnahmt, sozusagen.

Das war nicht mehr lustig, das war peinlich.

Du glaubst, wir werden abgehört? (lacht schallend) Na, das wüsste ich doch aber! Meine Beziehungen zur Telekom sind ungetrübt. Nein, ich fische nie in trübem Wasser. Bei mir herrscht Klarheit. Bis in den letzten Mitarbeiter. Mir macht niemand etwas vor.

Was heißt denn nun schon wieder Stasimethoden? Die Stasi war technologisches Mittelalter! In deren Akten hat doch niemand mehr durchgesehen. Wir sind da viel weiter. Ein Unternehmen muss sich schützen. Die Konkurrenz lauert überall, besonders in den Menschen, verstehst du? Jeder ist ein potenzieller Verräter für einen Judaslohn. Alte Geschichte das. Bibel und so.

Kümmere dich um die Lichtinghagen, sage ich dir, die Frau löst bei mir Allergieschübe aus. Hör mal, die hat doch eine Tochter, die an der Privatuni Witten-Herdecke studiert. Man müsste dafür sorgen, dass die Subventionen für die Uni gestrichen werden. Du hast doch beste Beziehungen. Na also, dann lass sie spielen. Dann muss nur noch der richtige Zusammenhang hergestellt werden. Das macht die Presse. Was denkst du, wie schnell die von der Uni fliegt. Da werden ihre Kommilitonen schon für sorgen, bevor die Uni schließen muss. Das ist doch alles gar nicht so schwierig. Wir sind doch Profis.

Na klar, habe ich die abhören lassen, privat jedenfalls. Aber die muss das gerochen haben. Kein positives Ergebnis.

Du findest bei ihr keine Verfehlungen? Immer korrekt? Mann, dann musst du dir eben etwas einfallen lassen. Irgendwas, ist doch egal. Prüft doch unter deiner Leitung sowieso keiner nach.

Na siehst du, Mauschelei bei der Vergabe von Strafgeldern an gemeinnützige Einrichtungen? Das ist doch mal ein Einfall. Da kocht der Volkszorn, und die Bildzeitung heizt den Kessel. Ich wusste doch, dass du ein kluger Kerl bist.

Haben wir das jetzt geklärt? Gut.

Ach, du hast auch Ärger mit der Dame? Was, die Rokokokirche in Berka willst du sanieren lassen, aus Strafgeldern? Sechsstellig, aha. Rotary Club Lüdenscheid? Bist du da drin? Ja, und was ist daran falsch? Ach so, Sie hat's gemerkt. Na bitte, ich sag's doch, die Frau muss weg, aber ganz schnell. Ich sehe schon, in dir wohnt die richtige Logik.

Nee, sonst geht's mir gut, alles in Ordnung. Ich werde mir demnächst meine Rente auszahlen lassen. Vorab. Ob sie ausreicht? Na ja, das kommt darauf an, wie lange ich lebe. Wie weit kommt man mit 20 Millionen? Nicht sehr weit, meinst du? Bitte keine Ironie. Ich muss mich eben einschränken. Kennst Du jemanden, der meine Rente arbeiten lassen kann? Ich lass ja lieber Geld arbeiten statt Menschen, Geld ist anpruchsloser. Wenn ich 20 Prozent jedes Jahr bekomme … (lacht) … dann kann ich ewig leben. (lacht noch mehr) Ackermann? Nee, lass mal, der hat mir zu viel Schrottpapiere im Keller liegen. Dann sind die zwanzig Mille weg, das kann ich mir nicht leisten. Da bleiben dann nur noch die dreizehn auf meinem Konto. (lacht) Na, so über den Daumen jedenfalls, das ist aktenkundig. Das Gericht jedenfalls hat mir geglaubt. (lacht) Aber das hast du jetzt nicht gehört, mein Freund.

Weißt du, was ich in den modernen Zeiten vermisse? Dann sag ich dir's: Solidarität. Das ist doch das mindeste, was man verlangen kann. Du bist da die positive Ausnahme. Nimm die deutsche Post.

2007 waren wir noch im Besitz von 194 Milliarden Euro an Vermögenswerten, Forderungen und Wertpapieren aus Finanzdienstleistungen. Das ist alles weg. Und ich sitze auf einer Viertelbillion Schulden. Also nicht direkt. Das sind Wertpapiere ohne Wert, also Altpapier, aber das will ja heute auch niemand mehr haben in der Krise. Sonst würde ich damit einen Altpapierhandel aufziehen. Aber der Chinese nimmt ja nichts mehr ab. (lacht herzlich)

Ich habe mich nicht verspekuliert, ich hatte Vertrauen!!! In wen? Ach, fang jetzt nicht mit der Schulddebatte an. Was wir brauchen, ist Vertrauen. Aber das ist ja nun futsch.

Um noch mal zurückzukommen, die Lichtinghagen … Geht seinen Gang, gut, ich verlass mich auf dich.

Springer? Ich kann dir sagen, so eine Schweinerei. Sag ich doch, keine Solidarität! Die deutsche Elite zerfleischt sich gegenseitig, und der Pöbel lacht. Was heißt denn hier Postmonopol! Die Friede hat die Pin Group übernommen und zahlt Dumpinglöhne. Ich wollte Mindestlöhne für die Branche, da hätte die Friede noch älter ausgesehen, als sie ohnehin schon ist. Die ist doch in all ihren Zeitungen über mich hergezogen, riesige Anzeigen. Aber da habe ich zurückgepfiffen und sämtliche Anzeigen gestoppt. Das tat denen dann richtig weh (lacht). Wie viel? Ich glaube 800 000. Und eine Blindzeitung hätte ich denen auch noch vor die Nase gesetzt. Inzwischen haben sich aber die Wogen geglättet. Trotzdem, keine Solidarität, das ist doch grausam, oder?

Mein Bundesverdienstkreuz? Klar habe ich das noch. Wieso fragst du? Was? Ordensentziehungsverfahren? Bei mir? Das ist eine Unverschämtheit. Das ist eine bodenlose Schweinerei. Das ist eine kommunistische Verschwörung. Was heißt denn, du kannst nichts machen? Wofür bekommst du denn dein Geld!

Zurückgeben? Bernd, ich bin enttäuscht von dir. Der Orden ist mir scheißegal. Aber was in diesem Land passiert, hat mit freiheitlich demokratischer Grundordnung gar nichts mehr zu tun. Das ist kommunistische Lynchjustiz. Und du machst da mit.

Du willst dir jetzt den Tatort ansehen, mit Kommissar Ehrlicher. Na dann, viel Spaß.

Man kommt einfach nicht zu seiner wohlverdienten Ruhe. Ich bin sozusagen im ständigen Unruhestand. Und die Lichtinghagen …

Ja, mach's gut, dir auch.

Nachdenklich sitzt Herr von und Zumwinkel vor seinem Telefon und gießt sich einen 120 Jahre alten Whisky ein.

Namen von der Redaktion geändert

Es heißt,
dass wir Könige Gottes Ebenbilder auf Erden sind.
Ich habe mich daraufhin im Spiegel betrachtet.
Sehr schmeichelhaft für den lieben Gott
ist das nicht.

Friedrich der Große

Autorenverzeichnis

Rüdiger Bernhardt, *geboren 1940, lebt als Literaturwissenschaftler und Autor in Bergen im Vogtland.*

Matthias Biskupek, *geboren 1950, lebt als freier Schriftsteller in Rudolstadt und Berlin.*

Dagmar Enkelmann, *geboren 1956, lebt als MdB in Bernau bei Berlin.*

Jeannette Faure, *geboren 1956, lebt als freie Journalistin in Frankfurt am Main.*

Ulrich Faure, *geboren 1954, lebt als Journalist und Herausgeber in Düsseldorf.*

Hanskarl Hoerning, *geboren 1931, lebt als »Pfeffermüller« im (Un-) Ruhestand in Leipzig.*

Christoph Hofrichter, *geboren 1946, lebt als Schauspieler, Regisseur und »politischer Freibeuter« in Stuttgart und Berlin.*

Peter Köhler, *geboren 1957, lebt als Journalist und Schriftsteller in Göttingen.*

Stephan Krull, *geboren 1948, lebt als bewegter Rentner in Hannover.*

Edgar Külow, *geboren 1925, lebt als Kabarettist, Schauspieler und Autor in Berlin.*

Eckhard Mieder, *geboren 1953, lebt als Autor und Filmemacher in Frankfurt am Main.*

Erhard Preuk, *geboren 1951, lebt als Chefdramaturg a. D. in Halle an der Saale.*

Hans-Günther Pölitz, *geboren 1952, lebt als Kabarettist und Autor der »Zwickmühle« in Magdeburg.*

Urban Priol, *geboren 1961, lebt als Kabarettist in Obernburg am Main.*

Ernst Röhl, *geboren 1937, lebt als aufmerksamer Beobachter des Zeitgeschehens in Zepernick bei Berlin.*

Jürgen Roth, *geboren 1968, lebt als Schriftsteller in Frankfurt am Main.*

Sandra Rudnick, *lebt als Nicht-Schlitzohr in Brandenburg und verdient ihr Geld als Nicht-Halunke in Berlin.*

Werner Rügemer, *geboren 1941, lebt als Publizist, Berater und Lehrbeauftragter in Köln.*

Salli Sallmann, *geboren 1953, lebt als Musiker, Schriftsteller und Redakteur in Berlin.*

Paul Schabacker, *geboren 1957, lebt als Peter Köhler in Göttingen.*

Ludwig Schumann, *geboren 1951, lebt als Schriftsteller in Zepernick, Stadt Möckern.*

Christina Seidel, *geboren 1952, lebt als Sozial-Pädagogin in Halle an der Saale.*

Wolfgang Seidel, *geboren 1944, lebt als Rentner in Halle an der Saale.*

Thorsten Stelzner, *geboren 1963, lebt als Lyriker, Satiriker, Polit-Poet, Texter und Kolumnist in Braunschweig.*

Reinhard Umbach, *geboren 1954, lebt als hochdeutscher Autor und niederhessische Mundartfigur namens »Hessen-Henner« in Göttingen.*

Hansjörg Utzerath, *geboren 1926, lebt als Regisseur und Autor in Berlin.*

Hans Wallow, *geboren 1939, Autor und Dozent in Bonn.*

Mathias Wedel, *geboren 1953, lebt als Autor in der Nähe von Berlin.*

Thomas Wieczorek, *geboren 1953, lebt als Autor und Journalist in Berlin.*

Kurt Wünsch, *geboren 1939, lebt als Schriftsteller in Halle.*

Gerhard Zwerenz, *geboren 1925, lebt als Schriftsteller im Hochtaunus.*

Der Text von Urban Priol wurde entnommen: Urban Priol, Hirn ist aus, 2008, und erscheint mit freundlicher Genehmigung des Karl Blessing Verlages, München, in der Verlagsgruppe Random House GmbH.